汽车底盘电控系统检修

主　编　单红艳　刘孝恩
副主编　王传立　宋明祥
　　　　罗啸凤　农金圆
参　编　胡传坤

北京理工大学出版社
BEIJING INSTITUTE OF TECHNOLOGY PRESS

内容简介

本书立足于实际能力培养，对课程内容的选择标准作了根本性改革，打破以知识传授为主要特征的传统学科课程模式，转变为以工作任务为中心组织课程内容，并让学生在完成具体项目的过程中学会完成相应工作任务，构建相关理论知识，发展职业能力。具体内容包括：底盘电控系统认知、电控自动变速器的检修、电控防抱死制动系统的检修、电控驱动防滑控制系统的检修、电控悬架系统的检修、电控转向系统的检修。

这些学习项目是以汽车底盘电控系统维修工作过程为线索来设计的，同时，学习项目对应汽车维修企业中汽车底盘电控系统维修的工作任务。课程内容突出对学生职业能力的训练，理论知识的选取紧紧围绕完成工作任务的需要来进行，并融合了相关职业资格证书对知识、技能和态度的要求。教学过程中，采取学做一体教学，给学生提供丰富的实践机会。

本书可作为中、高职院校汽车专业群相关课程的教材，也适合汽车行业相关人员自学。

版权专有　侵权必究

图书在版编目（CIP）数据

汽车底盘电控系统检修 / 单红艳，刘孝恩主编 . --北京：北京理工大学出版社，2021.10
ISBN 978-7-5763-0498-5

Ⅰ.①汽… Ⅱ.①单… ②刘… Ⅲ.①汽车 – 底盘 – 电气控制系统 – 车辆修理 – 教材 Ⅳ.①U472.41

中国版本图书馆 CIP 数据核字（2021）第 208415 号

出版发行 /	北京理工大学出版社有限责任公司
社　　址 /	北京市海淀区中关村南大街 5 号
邮　　编 /	100081
电　　话 /	（010）68914775（总编室）
	（010）82562903（教材售后服务热线）
	（010）68944723（其他图书服务热线）
网　　址 /	http://www.bitpress.com.cn
经　　销 /	全国各地新华书店
印　　刷 /	定州市新华印刷有限公司
开　　本 /	889 毫米 ×1194 毫米　1/16
印　　张 /	12
字　　数 /	240 千字
版　　次 /	2021 年 10 月第 1 版　2021 年 10 月第 1 次印刷
定　　价 /	44.00 元

责任编辑 / 陆世立
文案编辑 / 陆世立
责任校对 / 周瑞红
责任印制 / 边心超

图书出现印装质量问题，请拨打售后服务热线，本社负责调换

前言

纵观我国职业教育百余年的发展历程，其经历了发展中等职业教育、中等职业教育与高等职业教育并存发展到构建现代职业教育体系三个历史进程。真正的教育并不是一蹴而就的，也不是一朝一夕的，而是一体化、系统化、终身化的。中等职业教育和高等职业教育是职业教育中的两个不同阶段、不同层次的教育形式，有不同的功能及特色，它们既相互独立又相互联系。中高等职业教育一体化是构建现代职业教育体系和实现终身教育的重要保障。推进中高职一体化人才培养，有利于加强中高职衔接，提升职业教育的竞争力和吸引力；有利于高素质高技能人才的培养，以更好地适应经济社会发展的需要；有利于职业学校学生多样化成长，满足人民群众的教育需求。

《国家中长期教育改革和发展规划纲要（2010-2020年）》明确提出：职业教育到2020年要形成适应经济发展方式转变和产业结构调整的要求，体现终身教育理念，中等和高等职业教育协调发展的现代职业教育体系，满足经济社会对高素质劳动者和技能型人才的需求。《关于加快发展现代职业教育的决定》提出：到2020年，形成适应发展需求、产教深度融合、中职高职衔接、职业教育与普通教育相互沟通，体现终身教育理念，具有中国特色、世界水平的现代职业教育体系。可见实施中高职有效衔接，构建中高职教育一体化培养体系，构建科学的现代职业教育体系，是职业教育事业可持续发展的基础，是现代产业发展的迫切需要，也是新时期职业教育改革和发展的重要任务。

基于此背景，杭州职业技术学院汽车检测与维修技术专业与衔接中职学校开展了中高职衔接的全面研究，聚焦中高职衔接之关键，在全国知名职教专家引领下，构建了"汽车护士"向"汽车医生"发展的中高职衔接课程体系，中高职联合教研室成员共同开发编写了汽车检测与维修技术专业中高职衔接主干课程教材与教学标准。

本书是汽车检测与维修技术专业中高职联合教研室组编的规划教材之一。编者以汽车维修企业实际工作任务为载体，以进一步提升高职学生职业能力为目标，结合"行动导向"教学方法，编写了该教材。本教材设置六个大项目，每个项目下面涉及若干个具体任务，根据学生的认知规律，每个任务由简单到复杂。每个项目均安排故障诊断与检修的任务，既使学生获得了相关的专业知识，提高了专业操作能力，又培养了学生思考问题和解决问题的方法。

本书由杭州职业技术学院单红艳、广东省机械技师学院刘孝恩担任主编，济宁市技师学院王传立、烟台船舶工业学校宋明祥、广西工业技师学院罗啸凤、合浦职业技术学校农金圆担任副主编；邹城高级职业技术学校胡传坤参与了部分内容的编写。在本书的编写过程中参考了大量同类教材和相关资料，书中不能一一而详，在此一并表示感谢。

本书可作为中、高职院校汽车专业群相关课程的教材，也适合汽车行业相关人员自学。由于编者水平有限，编写内容仍有瑕疵，望读者批评指正。

编　者

2020 年 11 月

目录

项目一　底盘电控系统认知 ·· 1

　　任务一　汽车电控技术 ·· 1

　　任务二　汽车底盘电控技术 ·· 5

项目二　电控自动变速器的检修 ·· 13

　　任务一　液力变矩器的检修 ·· 13

　　任务二　齿轮变速机构的检修 ··· 28

　　任务三　换挡执行机构的检修 ··· 42

　　任务四　液压控制系统的检修 ··· 53

　　任务五　电控系统的检修 ··· 63

　　任务六　电控自动变速器性能检验与检修 ··· 77

项目三　电控防抱死制动系统的检修 ··· 84

　　任务一　ABS 结构与工作原理认知 ··· 84

　　任务二　ABS 故障诊断与检修 ··· 99

项目四 电控驱动防滑控制系统的检修 ············ 125

任务一 ASR 结构与工作原理认知 ············ 125
任务二 ASR 故障诊断与检修 ············ 132

项目五 电控悬架系统的检修 ············ 146

任务一 电控悬架系统结构与工作原理认知 ············ 146
任务二 电控悬架系统故障诊断与检修 ············ 158

项目六 电控转向系统的检修 ············ 170

任务一 液压式电控动力转向系统的检修 ············ 170
任务二 电动式电控动力转向系统的检修 ············ 177

参考文献 ············ 186

项目一

底盘电控系统认知

项目描述

随着汽车技术的不断发展，汽车底盘上各种电控系统应运而生，使汽车的安全性、舒适性得到提高，驾驶环境进一步改善，从而满足人们越来越高的出行需求。目前在汽车底盘上应用的电子控制（以下简称电控）系统包括电控自动变速器、电控防抱死制动系统、电控驱动防滑控制系统、电控悬架系统、电控转向系统等。

任务一 汽车电控技术

任务目标

完成本学习任务后，学生在基础知识和基本技能方面应达到以下要求。

知识目标

（1）掌握电控技术在汽车上的应用范围。

（2）熟悉电控系统的组成方式。

能力目标

（1）能够分析电控技术的发展趋势。

（2）能理解电控系统的功能。

任务引入

汽车作为一种普及性的代步交通工具，在日常生活中越来越受到人们的青睐。很多车主都明白汽车维护的重要性，但由于缺乏对汽车整体的认识，导致在日常维护及保养中只注重发动机方面的保养而忽略了底盘方面的维护。底盘是由多个控制部件及一些精密传感器和执行元件组合而成，任意一个部件出现故障，都可能造成不可估量的后果。本任务主要学习汽车电控技术的应用及组成，为后面学习电控底盘控制系统打下基础。

相关知识

一、汽车电控技术的应用

随着电子工业的发展，电控技术在汽车上的应用越来越广泛，特别是大规模集成电路和微机控制技术的应用，给汽车控制装置带来了变革。例如：采用电控燃油喷射系统的微机控制点火系统，不仅可以节油，还能大大提高排气净化性能；采用电子防抱死制动系统，不仅可使汽车在泥泞路面上安全行驶，还可以在紧急制动时防止车轮抱死滑移，保证汽车安全制动；在实现操纵自动化和提高舒适性等方面，汽车电控技术也扮演着重要角色。

在提高动力性、经济性和排放性能方面，现代汽车采用的电控系统主要包括：电控发动机燃油喷射系统（EFI）、微机控制点火系统（MCI）、发动机爆震控制系统（EDCS）、怠速控制系统（ISC）、空燃比反馈控制系统（AFC）、加速踏板控制系统（EAP）、第二代车载故障诊断系统（OBD-Ⅱ）等。

在提高乘坐舒适性方面，现代汽车采用的电控系统主要包括：电控悬架系统（ECS）、自动空调系统（ACS）、座椅调节系统（SAMS）、车距报警系统（PWS）等。

在提高信息技术、保障娱乐信息和通信能力方面，现代汽车采用的电控系统主要包括：汽车导航系统与定位系统（NTIS），该系统可在城市或公路网范围内，定向选择最佳行驶路线，并能在屏幕上显示地图，表示汽车行驶中的位置，以及到达目的地的方向和距离；语音系统（VS），该系统包括语音报警和语音控制两类；信息系统（IS），该系统可将发动机的工况和其他信息参数，通过微处理机处理后，输出对驾驶员有用的信息。

在提高安全性、操纵方便性方面，现代汽车采用的电控系统主要包括：防抱死制动系统（ABS）、制动防滑控制系统（ASR）或牵引力控制系统（TCS 或 TRC）、电控制动力分配系统（EBD）、电控制动辅助系统（EBA）、电控制动力转向控制系统（EPS）等。

二、汽车电控技术的发展趋势

随着集成控制技术、计算机技术和网络技术的发展，汽车电子技术主要向集成化、智能化和网络化方向发展。

1. 集成化

近年来嵌入式系统、局域网控制和数据总线技术的成熟，使汽车电控系统的集成成为汽车技术发展的必然趋势。将发动机管理系统和自动变速器控制系统，集成为动力传动系统的综合控制；将制动防抱死控制系统和驱动防滑控制系统综合在一起进行制动控制；通过中央底盘控制器，将制动、悬架、转向、动力传动等控制系统通过总线进行连接，控制器通过复杂的控制运算，对各子系统进行协调，将车辆行驶性能控制到最佳水平，形成一体化底盘控制系统。

2. 智能化

智能化传感技术和计算机技术的发展，加快了汽车的智能化进程。汽车智能化相关的技术问题已受到汽车制造商的高度重视，其主要技术中"自动驾驶技术"的构想必将依赖于电子技术实现。智能交通系统的开发将与电子、卫星定位等多个交叉学科相结合，根据驾驶员提供的目标资料，向驾驶员提供距离最短而且能绕开车辆密度相对集中处的最佳行驶路线。

3. 网络化

随着电控器件在汽车上越来越多的应用，车载电子设备间的数据通信变得越来越重要。以分布式控制系统为基础构造汽车车载电子网络系统是十分必要的。大量数据的快速交换、高可靠性及低成本是对汽车电子网络系统的要求。在该系统中，各子处理器独立运行，控制改善汽车某一方面的性能，同时在其他处理器需要时提供数据服务。主处理器收集整理各子处理器的数据，并生成车况显示。

三、汽车电控系统的组成

汽车电控系统的功用是提高汽车的整体性能，包括动力性、经济性、安全性、舒适性、操纵性、通过性、排放性能等。虽然汽车型号不同，采用的电控系统功能也有差异，但是，汽车电控系统基本结构一致，都是由传感器、电控单元（ECU）、执行元件组成（见图 1-1），这是电控系统的共同特点。

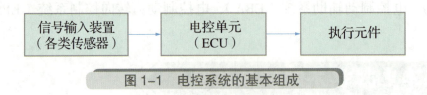

图1-1　电控系统的基本组成

1. 传感器

电控系统中的信号输入装置主要是各种传感器。传感器安装在发动机或车上的各个部位，其功用是检测汽车运行状态的电量参数、物理参数、化学参数等，并将这些参数转换成电信号输入ECU。其中电信号包括模拟信号和数字信号。

1）模拟信号

信号电压（或电流）随时间变化而连续变化的信号称为模拟信号。

2）数字信号

信号电压（或电流）随时间变化而不是连续变化的信号称为数字信号。由于采用计算机技术，与以往的模拟电路相比，数字信号处理的速度和容量都大大提高。需要注意的是ECU只能接收数字信号，因此，如果是其他信号时，要想ECU能够识别，就必须通过ECU内部的转换电路，将其转换成可识别的信号。

2. 电控单元

电控单元（ECU），又称电控组件或电控器，如图1-2所示。ECU是以单片机为核心而组成的电控装置，具有很强的数学运算和逻辑判断功能。ECU主要由输入回路、单片微型计算机（单片机）和输出回路组成，输入回路和输出回路一般都与单片机一起制作在一个金属盒内，固定在车内不易受到碰撞的部位，如仪表台下面或座椅下面。

3. 执行元件

执行元件是控制系统的执行机构，其功用是接受ECU输出的各种控制指令，完成具体的控制动作，从而使各种控制目标处于最佳的工作状态。执行元件的类型主要有电动机、继电器、开关、电磁阀等。

图1-2　电控单元

任务二 汽车底盘电控技术

任务目标

完成本学习任务后,学生在基础知识和基本技能方面应达到以下要求。

知识目标

(1)了解电控底盘控制系统的发展趋势。

(2)掌握电控底盘控制系统在汽车上的应用情况。

能力目标

(1)能理解电控底盘控制技术的应用。

(2)能说明底盘控制系统的发展趋势。

任务引入

电子技术和汽车产业的融合是汽车发展的必然。ABS、ASR、ESP等技术在底盘中的使用,极大程度上提高了汽车的安全性、稳定性、舒适性。本任务着重介绍电控技术在汽车底盘中的应用及其对汽车各种性能的影响,以及电控底盘技术的发展趋势。

相关知识

一、汽车底盘电控技术的应用

随着汽车工业的飞速发展,计算机在汽车上的应用越来越广泛,汽车底盘技术也相应地发生了重大的改革,正朝着电子化、智能化方向发展,使汽车的驾驶更方便、乘坐更舒适、更安全。汽车底盘电控系统主要包括:电控变速器、制动防抱死系统、驱动防滑系统、电控悬架系统、电控转向系统等。

1. 电控变速器

电控变速器包括电控自动变速器(AT)和电控无级变速器(CVT)。

1)电控自动变速器

电控自动变速器可以通过自动变速器电脑对发动机的负荷和汽车的车速信号的判断,自动地实现挡位的变换控制线路,如图1-3所示。电控自动变速器可以减轻驾驶员体力消耗,提高汽车行驶安全性;自动换挡时刻控制得更精确,换挡更平顺;采用液力元件,消除了动力传动的动载荷,避免了换挡中产生的冲击,可延长机件的使用寿命。电控自动变速器中使用最多的是电控液力自动变速器,其由液力变矩器、变速齿轮和电控液压操纵系统组成,通过液力传递和齿轮组合的方式来实现变速变矩。

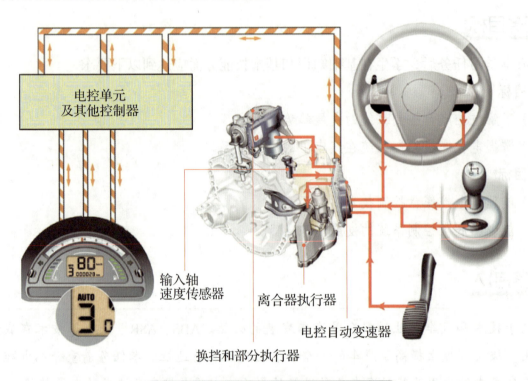

图1-3 电控自动变速器控制线路

节气门位置传感器给出负荷信号,安装在变速器输出轴的转速传感器给出对应的车速信号,自动变速器控制器通过对负荷信号和车速信号的分析,得出最佳的换挡时刻。控制电磁阀使相应的油路通断,实现不同的齿轮组合,得到适合的挡位。

2)电控无级变速器

电控无级变速器是一种比较理想的汽车动力传动装置,根据发动机的状况和汽车的车速,可以连续地改变传动比,使发动机处于最佳的稳定转速,得到最佳的动力性能、经济性能和排放性能。电控无级变速器采用V形金属传动带和可变槽宽的带轮进行动力传递,由电控单元控制带轮变化槽宽,相应改变驱动带轮与从动带轮上传动带的接触半径进行连续变速。电控无级变速器的电控如图1-4所示。

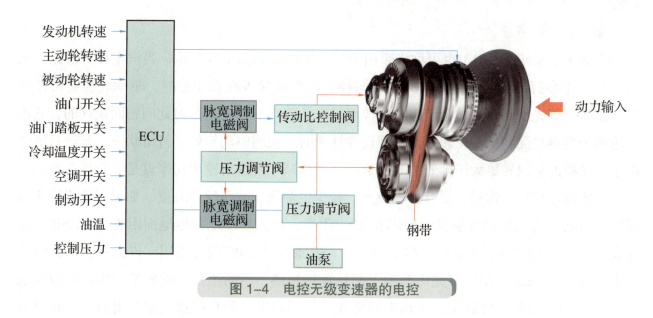

图 1-4 电控无级变速器的电控

2. 防抱死制动系统

防抱死制动系统（ABS）如图 1-5 所示，其功能是在各种路面上防止汽车制动时车轮抱死。该系统可以提高制动效能，防止汽车在制动和转弯时产生侧滑，是保证行车安全、防止事故发生的重要措施。这种系统利用电子电路自动控制车轮制动力，充分发挥制动器的效能，提高制动减速效率和缩短制动距离，并能有效提高车辆制动的稳定性，防止车辆侧滑和甩尾，减少车祸，因此被认为是当前提高汽车行驶安全性的有效措施之一。目前国内外轿车和客车上均已广泛使用。

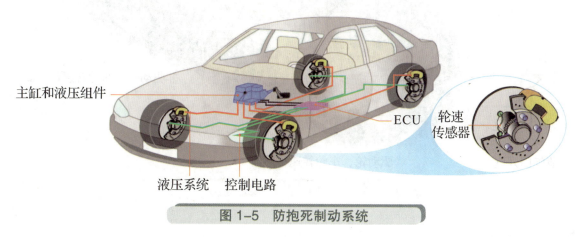

图 1-5 防抱死制动系统

防抱死制动系统以最佳车轮滑移率（或最佳减速度）为控制目标，ECU 根据轮速传感器（有的车上还设有减速度传感器）检测到的车轮转速进行控制。在制动过程中，当 ECU 根据车轮转速信号判断到车轮即将被抱死时，便向执行元件发出控制指令，使执行元件动作，调节作用在制动轮缸内的液压，从而控制作用在车轮上的制动力，使车轮始终工作在不被抱死的状态下，从而达到最佳制动效果。

3. 驱动防滑系统

驱动防滑系统（ASR）也可称为牵引力控制系统，如图 1-6 所示。当汽车在光滑路面制动时，车轮会打滑，甚至使方向失控。同样，汽车在起步或急加速时，驱动轮也有可能打滑，在冰雪等光滑路面上还会使方向失控而带来危险。ASR 就是针对此问题而设计的，它依靠轮速传感器检测到从动轮转速低于驱动轮转速时，说明驱动轮处于打滑状态。车轮打滑是由于发动机的输出转矩大于附着力而引起的，所以减小发动机输出功率就是最直接有效的途径，降低输出功率的途径主要有推迟点火、减少供油量、减小气门升度。如果车轮仍处于打滑状态就必须通过制动控制其滑转率在 20% 附近，最大程度地利用地面附着力。ASR 可以提高汽车行驶稳定性、加速性、爬坡能力。ASR 通常和 ABS 配合使用，以进一步增强汽车的安全性能。ASR 和 ABS 可共用车轴上的轮速传感器，不断监视各轮转速，当在低速发现打滑时，ASR 会立刻通知 ABS 制动来减低此车轮的打滑。若在高速发现打滑时，ASR 立即向行车电脑发出指令，指挥发动机降速或变速器降挡，使打滑车轮不再打滑，防止车辆失控。

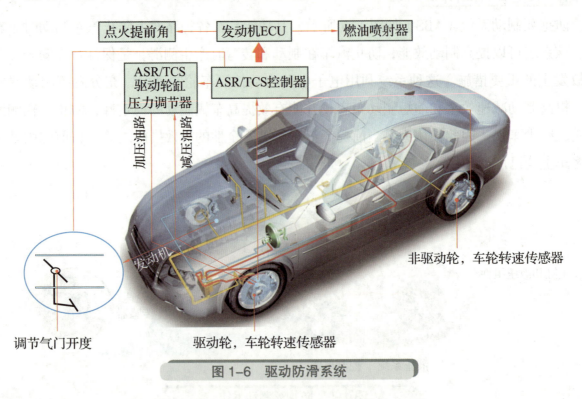

图 1-6 驱动防滑系统

4. 电控悬架系统

传统的悬架系统不可控，当悬架刚度低时，减振弹簧容易变形，稳定性下降，舒适性变差。电控技术的引入使得悬架刚度变成可以控制，当路面良好时可以降低刚度，提高舒适性。电控悬架系统如图 1-7 所示，当汽车在高低不平的路面上行驶时，电控悬架系统根据需要提高悬架刚度，以控制汽车车身跳动或前后颠动，从而改善汽车行驶的平顺性和乘坐的舒适性；当汽车急转弯时，电控悬架系统提高弹簧刚度和增大阻尼系数以控制车身的横向倾斜或摇摆；当汽车急加速行驶或紧急制动时，提高悬架刚度，以避免车身出现后部下沉或车身前倾，使汽车的姿态变化减至最小，改善操纵稳定性。

当汽车上的乘员和行李质量发生变化，电控悬架能使汽车始终保持恒定的高度；当汽车在很差的道路上行驶时，电控悬架能使汽车高度增加，提高车辆的通过性；当汽车高速行驶时，电控悬架又使车高降低，以减少空气阻力，提高操纵稳定性；当汽车驻车时，电控悬架会降低车高，改善汽车驻车的姿态。

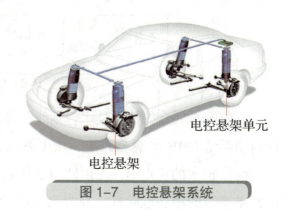

图1-7　电控悬架系统

5. 电控转向系统

转向控制主要包括动力转向控制和四轮转向控制。采用动力转向系统的目的是使转向操纵轻便，提高响应速度。理想的动力转向系统应在停车和低速状态时提供足够的助力，使转向轻便；而随着车速的增加，助力逐渐减少；在高速行驶时则无助力或助力很小，以保证驾驶人有足够的路感。为了实现在各种行驶条件下转向盘上所需的力都是最佳值，电控转向系统应运而生。

目前，电控前轮动力转向较为普及，如图1-8所示。通过控制转向力，保证汽车停驶或低速行驶时转向轻便，而高速行驶时又确保安全。轿车的动力转向发展方向是四轮转向系统，其特点是汽车在转向轻微操作及缓慢转动时，或在改变行驶路线而又高速行驶时，后轮与转向盘转动方向基本一致，这样行车摆动小，稳定性好。在车轮出入车库、左右转向行驶及大转向或做U形掉头时，后轮与转向盘转动方向相反，可使汽车轻易转弯，具有较小的转弯半径。电控系统能根据驾驶工况，调整后轮转向角的大小，达到提高转向特性和转向响应性以及改善高速行驶稳定性的目的。

图1-8　电控前轮转向系统

二、汽车底盘电控技术的发展趋势

1. 汽车底盘的线控技术

线控技术是指用电子信号的传送取代过去由机械、液压或气动的系统连接的部分，如换挡连杆、节气门拉索、转向器传动机构、制动油路等。它不仅是取代连接，而且还实现了包括操纵机构和操纵方式的变化，以及执行机构的电气化，这将改变汽车的传统结构。线控过程的基本组成如图1-9所示。

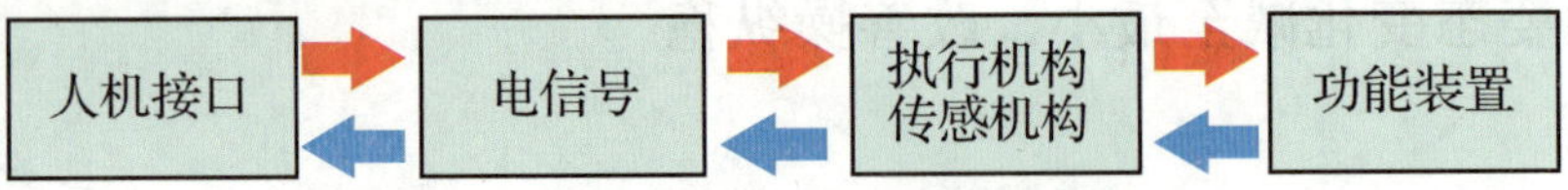

人机接口 ⇄ 电信号 ⇄ 执行机构传感机构 ⇄ 功能装置

图1-9 线控过程的基本组成

目前汽车底盘的线控技术包括线控换挡系统、制动系统（如电液制动系统EHB、电子机械制动系统EMB）、悬架系统、增压系统、节气门系统和转向系统等。

线控技术的优点是：无须使用液压制动或其他任何液压装置，使汽车更为环保；减小了正面碰撞时的潜在危险性，并为汽车设计提供了更多空间；线控的灵活性使汽车设计、工程制造和生产过程中的成本大为降低，且降低了维护要求和车身重量。

2. 汽车底盘集成化技术

现代汽车底盘电控系统正从最初的单一控制发展到多变量多目标综合协调控制，这样可以在硬件上共用传感器、控制器件和电路，使零件数量减少，从而减少连接点，提高可靠性；在软件上实现信息融合和集中控制，提高和扩展各自的单独控制功能。

1）ABS/ASR/ESP 的集成化

ABS/ASR装置成功地解决了汽车在制动和驱动时的方向稳定性，但不能解决汽车转向行驶时的方向稳定性。汽车转向行驶时，只有当地面能够提供充分的转向力时，驾驶员才能控制住车辆，使其按照预定的方向行驶。如果地面侧向附着能力比较低，不能提供足够的转向力，汽车将侧向滑出。ABS/ASR/ESP集成系统的应用，在制动、加速和转向方面满足了驾驶人的较高要求，提高了汽车的主动行驶安全性。

2）ABS/ASR/ACC 的集成化

在ABS/ASR电控装置硬件的基础上，增加了接收车距传感器信号的电子电路、ACC常闭式和常开式进油电磁阀电子驱动电路。在原ABS控制模块和ASR控制模块的软件基础上，增加一ACC控制模块，并与ABS/ASR电控模块进行有机融合，用来实时处理、计算和确定汽车的行驶状态和车轮的转动状态。汽车ABS/ASR/ACC集成化系统具有优先支持驾驶人操作的功能和ABS优先工作的功能。

3）汽车底盘全方位控制系统

汽车传动控制系统、电子悬架系统、电子转向系统、制动系统等集成融合在一起成为综合的汽车底盘电控系统。各控制功能集中在一个ECU中，通过CAN总线实现信息共享和资源综合利用。

3. 集成底盘管理系统

随着汽车技术和电子技术的进步，汽车底盘电控系统将逐步形成一个集成底盘管理系统（ICM）。该系统将集成所有的底盘电控子系统，实现各子系统间硬件、能量和信息的共享，以最大限度地获取系统集成带来的增效作用，提高汽车的安全性、舒适性和经济性。图1-10为ICM系统的层次结构，结构图的上层只包含一些关键的监控功能，在这一层次上系统通过一个"协调器"ECU实现对发动机/传动系、底盘系统等的管理。结构图的下层代表目前的电控系统，不过它们不再是单独工作的模块，而是在上层单元管理和监控下协调工作。系统中的传感器和执行器可以分为传统型和智能型。传统型传感器和执行器与各自的ECU之间只有直接的物理连接；智能传感器和执行器与ECU之间则使用总线接口传输数据，一般情况下它们都具有自诊断能力和一定的信号处理能力。

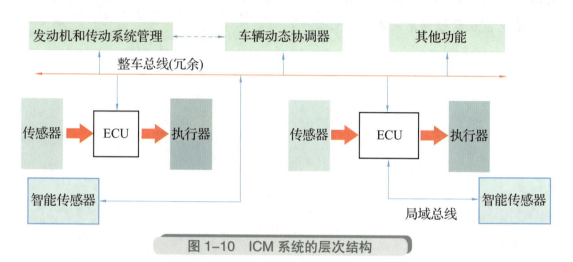

图 1-10　ICM 系统的层次结构

思考与练习

一、填空题

1. 汽车电子技术主要向_____、_____和_____3个主要方向发展。
2. 汽车电控系统都是由_____、_____和_____3个部分组成。
3. 电控单元又称_____。
4. 驱动防滑系统也可称为_____。

二、判断题

1. 采用电控底盘控制系统比传统底盘系统可靠性更强、舒适性更好。　　（　　）
2. 电控悬架系统可根据不同路面自由调整车辆的高度。　　（　　）
3. ASR和ABS共用车轴上的轮速传感器。　　（　　）

三、选择题

1. 关于汽车电控技术的应用，下列说法错误的是（　　）。

   A. 使各个系统变得单一不受ECU控制

   B. 集成化程度高，各个系统可协调工作

   C. 由多个控制器协调运行

   D. 以上都不对

2. 下列关于电控底盘技术的应用说法错误的是（　　）。

A. 跟传统底盘没区别

B. 各系统集成化高

C. 可通过中央控制器控制每个部件的工作

D. 以上都不对

四、问答题

1. 防抱死制动系统的作用是什么？
2. 采用电控底盘控制系统有什么好处？

项目二

电控自动变速器的检修

项目描述

随着电子技术和计算机技术的迅速发展,由微型计算机控制的自动变速器已逐步普及,自动变速器在各种车辆上都得到了广泛的应用。使用自动变速器的车辆,驾驶员不需要经常变换挡位,自动变速器能根据汽车道路行驶条件和载荷情况,在最适宜的时间自动进行换挡。电控自动变速器按照最低油耗及最佳换挡时间进行自动换挡,使自动变速器的各项性能指标均达到综合最佳优化水平。

任务一 液力变矩器的检修

任务目标

完成本学习任务后,学生在基础知识和基本技能方面应达到以下要求。

知识目标

(1)了解液力变矩器的传动特性。

(2)掌握综合式液力变矩器的结构及原理。

（3）掌握带锁止离合器综合液力变矩器的结构及原理。

（4）熟悉液力耦合器的结构及原理。

能力目标

（1）能够完成液力变矩器的检修。

（2）能够进行液力变矩器的更换。

任务引入

汽车上所采用的液力变矩器是在耦合器的基础上改进的，两者均属于液力传动，即通过液体的循环流动，利用液体动能的变化来传递动力。在早期的自动变速器中多采用液力耦合器，由于液力耦合器只能传递转矩，不能改变转矩。目前汽车上多采用液力变矩器，它能使车辆平稳起步，加速迅速、均匀、柔和。由于用液体来传递动力进一步降低了扭转振动，延长了动力传动系统的使用寿命，提高了舒适性和安全性。

相关知识

一、液力耦合器的结构与工作原理

1. 液力耦合器的结构

液力耦合器是一种液力传动装置，又称液力联轴器。在不考虑机械损失的情况下，它的输出转矩与输入转矩相等。它主要有两方面的功能，一是防止发动机过载，二是调节工作机构的转速。其结构主要由壳体、泵轮、涡轮组成，如图2-1所示。

液力耦合器的壳体安装在发动机飞轮上，泵轮与壳体焊接在一起，随发动机曲轴的转动而转动，是液力耦合器的主动部分；涡轮和输出轴连接在一起，是液力耦合器的从动部分。泵轮和涡轮相对安装，统称为工作轮。在泵轮和涡轮上有径向排列的平直叶片，泵轮和涡轮互不接触，两者之间有一定的间隙（约3~4 mm）。泵轮与涡轮装合成一个整体后，其轴线断面一般为圆形，在其内腔中充满液压油。

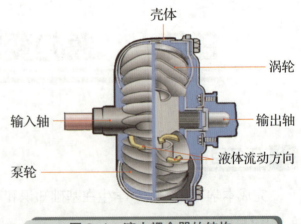

图2-1 液力耦合器的结构

2. 液力耦合器的工作原理

液力耦合器工作时，发动机的动力经输入轴传给泵轮，驱动泵轮转动。由于泵轮叶片的作用，耦合器内部的工作油液也随叶片一起绕轴线旋转。在离心力的作用下，迫使油液沿叶片间通道，从半径较小处（内缘）向半径较大处（外缘）流动。此时，叶片外缘处油液的动能和压能都大于叶片内缘处油液的动能和压能，其动能差值决定于泵轮的内外缘半径差和泵轮的转速。经泵轮叶片的作用，油液在到达叶片外缘将离开泵轮时，已成为具有一定压力和速度的高速液流，实现了将发动机的机械能转换为工作油液的能量。

泵轮是主动元件，在一般情况下，被动元件涡轮的转速总是低于泵轮的转速，因此，泵轮外缘油液的能量大于涡轮外缘处油液能量。在此能量差的作用下，离开泵轮后的高速液流紧接着进入涡轮，并作用于涡轮叶片，当克服涡轮转动所产生阻力和负载时，推动涡轮转动，且其转动方向与泵轮相同，使涡轮获得一定的机械能，经输出轴输出。由于高速液流对涡轮叶片作用，实现了将液体能量转换为涡轮输出轴上的机械能。

由于泵轮和涡轮封闭在一个整体内，工作时，工作液体在惯性离心力的作用下甩向泵轮外缘而作离心运动。油液冲击到涡轮外缘，随后沿着涡轮叶片间通道向涡轮内缘流动而作向心运动，然后返回到泵轮的内缘。工作油液就这样从泵轮流向涡轮，又从涡轮返回泵轮，如此不断循环，形成沿轴线断面循环圆的环流。

从以上分析可知，工作油液在液力耦合器中同时具有2种旋转运动。其一，是随同工作轮一起，作绕工作轮轴的圆周运动；其二，是经泵轮到涡轮，又从涡轮返回泵轮，反复循环，油液沿工作腔循环圆作环流运动——轴面循环圆运动，如图2-2（a）所示。故油液的绝对运动是2种旋转运动的合成，运动方向是斜对着涡轮冲击涡轮叶片。这样油液质点的流线是一首尾相接的环形螺旋线，如图2-2（b）所示。

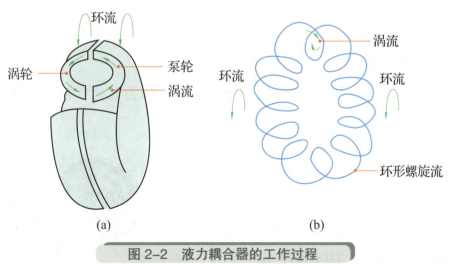

图2-2 液力耦合器的工作过程
（a）2种旋转运动；（b）2种旋转运动的合成

油液沿循环圆作环流运动是液力耦合器能够正常传递动力的必要条件。为了能形成沿循环圆的环流运动，泵轮和涡轮之间必须存在转速差（即泵轮转速必须大于涡轮转速），转速差愈大,泵轮外缘处与涡轮外缘处能量差异愈大,工作油液传递的动力也愈大。若泵轮与涡轮两者转速相等,泵轮处与涡轮外缘处的能量差消失,循环圆内油液的循环流即停止,液力耦合器就不再有传递动力的作用。

二、液力变矩器的结构与工作原理

1. 液力变矩器的功用

液力变矩器位于发动机和变速器之间,以自动变速器油(ATF)为工作介质,主要完成以下功用。

1)传递转矩

发动机的转矩通过液力变矩器的主动元件,再通过自动变速器油传给液力变矩器的从动元件,最后传给变速器。

2)无级变速

根据工况不同,液力变矩器可以在一定范围内实现转速和转矩的无级变化。

3)自动离合

液力变矩器由于采用自动变速器油传递动力,当踩下制动踏板时,发动机也不会熄火,此时相当于离合器分离;当抬起制动踏板时,汽车可以起步,此时相当于离合器接合。

4)驱动油泵

自动变速器油在工作时需要油泵提供一定的压力,而油泵一般是由液力变矩器壳体驱动的。同时,由于采用自动变速器油传递动力,液力变矩器的动力传递柔和,并且能防止传动系过载。

2. 液力变矩器的结构

典型液力变矩器主要由泵轮、涡轮和导轮组成,称为三元件液力变矩器,如图2-3所示。

在液力耦合器的基础上,增设导轮。导轮介于泵轮和涡轮之间,通过单向离合器,单向固定在输出轴上,单向离合器使导轮可以顺时针方向转动,而不能逆时针方向转动。泵轮与壳连成一体为主动元件;涡轮悬浮在变矩器内与从动轴相连。

1)泵轮

泵轮与变矩器壳体连成一体,变矩器壳体用螺

图2-3 液力变矩器的组成

栓固定安装在飞轮上，因为飞轮与曲轴相连，所以泵轮总是和曲轴一起转动。泵轮内部沿径向装有许多较平直的叶片，叶片内缘装有让变速器油平滑流过的导环，其结构如图2-4所示。当发动机运转时，泵轮内的工作液依靠离心力的作用从泵轮外缘向外喷出而进入涡轮。随着发动机转速升高，工作液所受离心力增大，从泵轮向外喷射工作液的速度也随之升高。

2）涡轮

涡轮与变速器输入轴用花键连接。与泵轮一样，涡轮也装有许多叶片，如图2-5所示。叶片呈曲线形状，方向与泵轮叶片的弯曲方向相反。涡轮叶片与泵轮叶片相对放置，中间留有很小的间隙。

在变速器置于R、D、2、L挡位，车辆行驶时，涡轮与变速器输入轴一起转动；车辆停驶，在变速器变速杆置于P、N位时，由于发动机输出功率小，涡轮不转动。

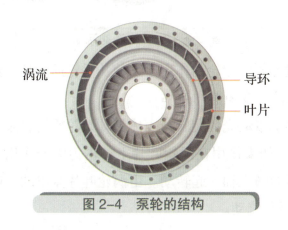

图2-4 泵轮的结构

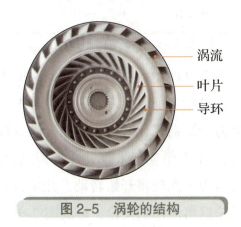

图2-5 涡轮的结构

3）导轮

导轮是有叶片的小圆盘，位于泵轮和涡轮之间，如图2-6所示。它安装于导轮轴上，通过单向离合器固定于变速器壳体上。导轮上的单向离合器可以锁住导轮以防止反向转动。这样，导轮根据工作液冲击叶片的方向进行旋转或锁住。

4）单向离合器

单向离合器的外圈与导轮叶片固定连接在一起，内圈用花键与变速器壳体上的导轮轴连接，而导轮轴与变速器机油泵盖连接。因为机油泵盖固定在变速器壳体上，所以单向离合器内圈不能转动，如图2-6所示。

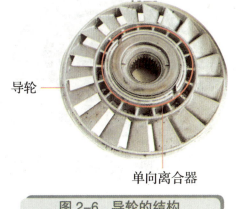

图2-6 导轮的结构

3. 液力变矩器的工作原理

液力变矩器内的泵轮是离心泵。如图2-7所示，当泵轮旋转时，油液将被甩到外侧，就像洗衣机将水和衣物甩到洗涤缸外围一样。由于油液被甩到外侧，因此中心区域会形成真空，进而吸入更多的油液。

如图 2-8 所示，从泵轮甩出的油液进入涡轮外侧的叶片，而涡轮又与变速器输入轴相连，这样，涡轮会使变速器输入轴旋转，把发动机传递的动力传递给变速器内部相应元件。涡轮的叶片是弯曲形状，从外部进入涡轮的油液在从涡轮中心出来之前必须改变方向。正是这种方向的改变导致了涡轮旋转。

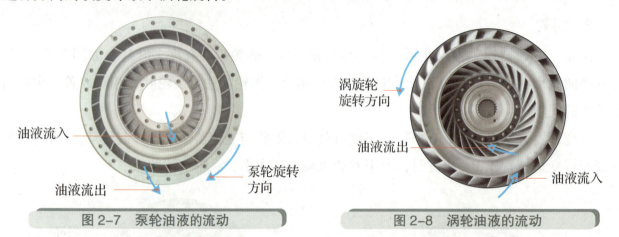

图 2-7 泵轮油液的流动　　　　　图 2-8 涡轮油液的流动

如图 2-9 所示，从涡轮里侧流出的油液经过导轮，导轮的作用是迫使从涡轮返回的液流再次到达泵轮之前改变方向，这样可极大地提高液力变矩器的效率。

液力变矩器工作时，壳体内充满 ATF，发动机带动壳体旋转，壳体带动泵轮旋转，泵轮的叶片将 ATF 带动起来，并冲击到涡轮的叶片。如果作用在涡轮叶片上冲击力大于作用在涡轮上阻力，涡轮将开始转动，并使自动变速器的输入轴一起转动。由涡轮叶片流出的 ATF 经过导轮后再流回到泵轮，形成图 2-10 所示的循环流动。

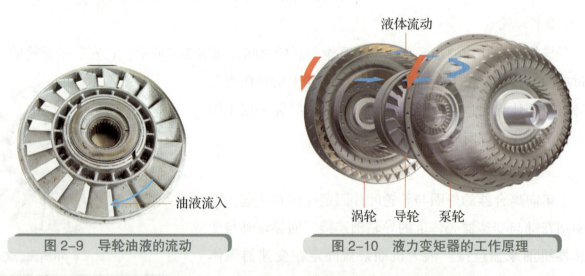

图 2-9 导轮油液的流动　　　　　图 2-10 液力变矩器的工作原理

三、综合式液力变矩器的结构与工作原理

目前汽车上自动变速器使用的变矩器都是综合式液力变矩器，它和普通液力变矩器的不同之处在于其导轮不是完全固定不动的，而是通过单向超越离合器支撑在固定于变速器壳体的导轮固定套上，如图 2-11 所示。

导轮能在变矩器内与发动机同向转动,而反向锁止不动。当涡轮转速较低时,从涡轮流出的液压油从正面冲击导轮叶片正面,如图2-12所示,对导轮施加一逆时针方向的力矩,但由于单向超越离合器在逆时针方向具有锁止作用,将导轮锁止在导轮固定套上固定不动,这时该变矩器的工作特性和液力变矩器相同,即具有一定的增扭作用(变扭系数$K>1$)。当涡轮转速增大到某一数值时,液压油对导轮的冲击力与导轮叶片之间的夹角为0°,此时变扭系数$K=1$。

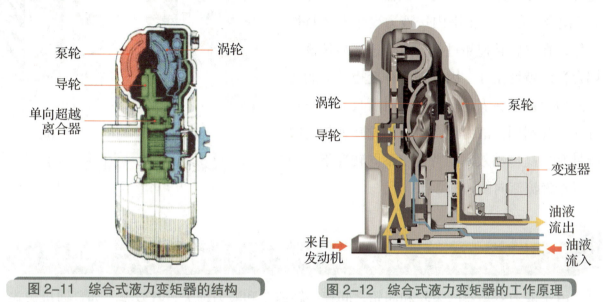

图2-11 综合式液力变矩器的结构　　　　图2-12 综合式液力变矩器的工作原理

若涡轮转速继续增大,液压油将冲击导轮叶片的背面,对导轮产生一顺时针方向的力矩。由于单向超越离合器在顺时针方向没有锁止作用,可以像轴承一样滑转,所以导轮在液压油的冲击作用下开始朝顺时针方向旋转。由于自由转动的导轮对液压油没有反作用力矩,液压油只受到泵轮和涡轮的反作用力矩作用,因此这时该变矩器不能起增扭作用,其工作特性和液力耦合器相同。这时涡轮转速较高,该变矩器亦处于高效率的工作范围。

综合式液力变矩器在发展过程中曾出现过许多很复杂的类型,这些类型可以用变矩器的元件数、级数和相数来表示。

1. 变矩器的元件数

变矩器的元件数是指变矩器中泵轮、涡轮和导轮的总个数。常见的有3元件、4元件和5元件等。有一种4元件的液力变矩器,它有1个泵轮、1个涡轮、2个带单向超越离合器的导轮。

2. 变矩器的级数

变矩器的级数是指涡轮的列数。只有1列涡轮的变矩器称为单级变矩器,有2列以上涡轮的变矩器称为多级变矩器。

3. 变矩器的相数

由于变矩器中离合器或制动器的作用,变距器在不同的工作范围内具有不同的工作特性,这种不同工作特性的个数称为变矩器的相数。

导轮开始空转的工作点称为耦合点。由上述分析可知,综合式液力变矩器在涡轮转速由0至耦合点的工作范围内按液力变矩器的特性工作,在涡轮转速超过相合点转速之后按液力耦合器的特性工作。因此,这种变矩器既利用了液力变矩器在涡轮转速较低时所具有的增扭特性,又利用了液力相合器在涡轮转速较高时所具有的高传动效率的特性。不同转速下变矩器工作液流流向图如图2-13所示。

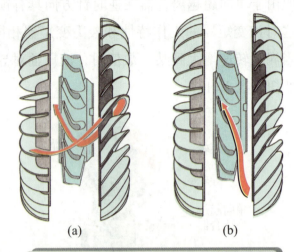

图2-13 变矩器工作液流流向图
(a)增扭液流;(b)不增扭液流

四、带锁止离合器综合液力变矩器的结构与工作原理

由于液力变矩器的泵轮和涡轮之间存在转速差和液力损失,其效率不如普通机械式变速器高。为提高液力变矩器在高传动比工况下的效率及汽车正常行驶时的燃油经济性,绝大部分液力变矩器增设了锁止机构,使其输入轴与输出轴刚性连接,增大传动效率。这种液力变矩器内有一由液压油操纵的锁止离合器,其结构如图2-14所示。

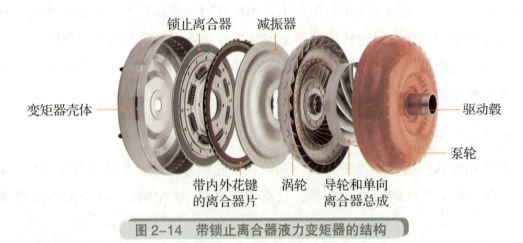

图2-14 带锁止离合器液力变矩器的结构

锁止离合器的接合和分离由变矩器中的液压油流向变化来决定,可分为液压锁止控制和电子液压控制。

1. 液压锁止控制原理

液压锁止控制由锁止信号阀和锁止中继阀来完成。

1）解除锁止状态

锁止中继阀在弹簧作用下，落到最低位置。从主油路主调压阀来的油经锁止中继阀上部通道，从锁止离合器左侧进入液力变矩器，液力变矩器内的油液则经锁止中继阀下部通道去散热器，如图 2-15 所示。

此时，锁止离合器左右侧油压相等，锁止离合器解除锁止。

2）进入锁止状态

当车速逐渐升高，来自速控阀的油压进入锁止信号阀的上方，并克服锁止信号阀的弹簧弹力，锁止信号阀柱塞下移，打开锁止信号中部的油路通道，将来自 3~4 换挡阀的油压送到锁止中继阀的底部，使得锁止中继阀柱塞上移。上移后，来自主油路主调压阀的油改道从右侧进入液力变矩器，此时液力变矩器的油不再送往散热器去降温。另外，柱塞上移后还将液力变矩器左侧的油道泄压，使得锁止离合器右侧的压力大于左侧，锁止离合被压紧，进入锁止状态，如图 2-16 所示。

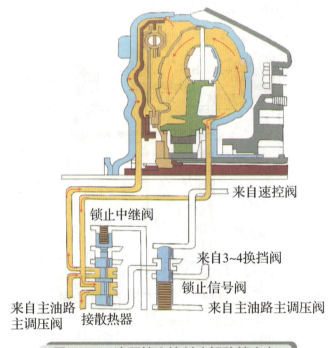

图 2-15 液压锁止控制（解除锁止）

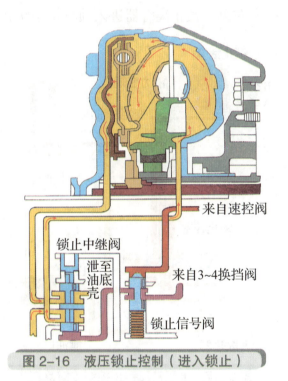

图 2-16 液压锁止控制（进入锁止）

如车速下降，离心速控阀油压降低，锁止信号阀在其回位弹簧的作用下回到上位，锁止中继阀柱塞也回至下位，锁止离合器左侧油腔压力升高，离合器解锁，即又进入分离状态。为防止锁止离合器因车速在锁止点附近变化而出现反复的闭锁和解锁工作，必须使锁止点与解锁点的车速不同，即有一滞后。滞后的实现：锁止信号阀柱塞中段上部直径较下部小，设上部的面积为 A，下部的面积为 B，则 $B > A$。作用在锁止阀上端的速控阀油压大于弹簧力，锁止信号阀柱塞下移，锁止离合器进入锁止状态。由于此时锁止信号阀中部作用着来自超速挡换挡阀的油压力，作用力大小等于 $(B - A)P_e$（P_e 为超速挡油压），方向朝下。正因为有此油压力的作用，即使车速较锁止点略低，锁止信号阀的回位弹簧也不能将柱塞推至上位。

只有当回位弹簧能克服其柱塞中部超速挡油压力和上端的速控阀油压力时，锁止信号才会向上移，此时的车速较锁止点低很多了，从而避免了锁止离合器频繁地锁止和解锁。

2. 电子液压控制原理

1) 解除锁止状态

当锁止电磁阀关闭时，主油压加在锁止阀的右侧，锁止阀柱塞左移，变矩器油压经锁止阀右中部油路进入液力变矩器 A 室后再进入 B 室，此时锁止活塞两侧压力相等，锁止离合器处于解锁分离状态。从变矩器 B 室出来的油又经过锁止阀左中部油路进入散热器冷却，如图 2-17 所示。

2) 进入锁止状态

当锁止电磁阀打开时，锁止阀右侧油压经电磁阀泄压后，锁止阀柱塞右移，液力变矩器 A 室油压经柱塞中部油路泄压，主油压经柱塞左中部油路进入液力变矩器 B 室，锁止活塞被压向左侧，锁止离合器进入锁止接合状态，如图 2-18 所示。

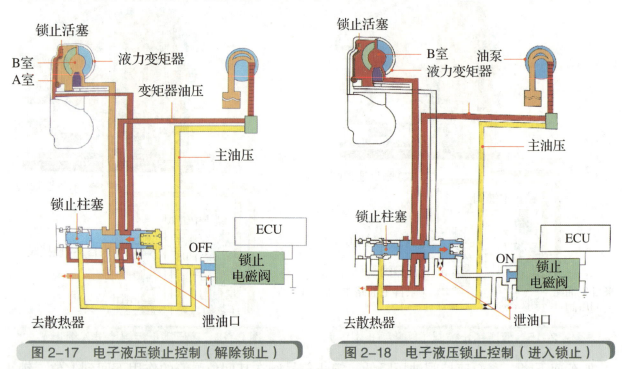

图 2-17 电子液压锁止控制（解除锁止）　　图 2-18 电子液压锁止控制（进入锁止）

五、液力变矩器的传动效率及特性

1. 液力变矩器的传动效率

1) 转矩比 K

液力变矩器的转矩比是涡轮输出转矩 M_W 与泵轮输入转矩 M_B 之比，用 K 表示，即

$$K = \frac{M_W}{M_B} = \frac{M_B \pm M_D}{M_B}$$

式中，M_D 为导轮转矩。液力变矩器的转矩比说明变矩器输出转矩增大的倍数。当涡轮转速为 0 时，转矩比达到最大值。随着涡轮转速升高，转矩比逐渐减小，当涡轮与泵轮的传动比达到某一定值时，涡流变得最小，因而转矩比几乎为 1∶1，这一点称为耦合器工作点（即耦合点），此时由于从涡轮流出的液流将冲击导轮叶片背面，导轮转矩方向与泵轮转矩方向相反。为防止这一现象的发生，单向离合器就使导轮与泵轮同向转动。换言之，变矩器在耦合工作点时，开始起液力耦合器的作用，防止转矩比降至 1 以下。因此变矩器的工作可分为 2 个区域，如图 2-19 所示：一个是变矩区，转矩成倍放大；另一个是耦合区，只传递转矩而无转矩放大。耦合器工作点就是这 2 个区域的分界线。

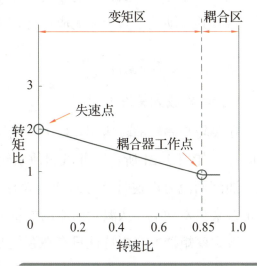

图 2-19 液力变矩器的转矩比

2）传动比 i

液力变矩器的传动比是指涡轮转速 n_W 与泵轮转速 n_B 之比，用 i 表示，即

$$i = \frac{n_W}{n_B} \leq 1$$

液力变矩器的传动比说明变矩器输出转速降低的倍数。当涡轮转速为 0，而发动机处于全负荷（节气门全开，此时泵轮转速达到最大值）时的工况称为失速工况或失速点。在失速点（如当变速杆置于 D 挡位而车辆被阻止前进时），泵轮与涡轮转速之间的转速差达到最大值。变矩器的最大转矩比就在失速点，通常在 1.7~2.5 之间。

3）传动效率 η

变矩器的传动效率是指泵轮得到的能量传递至涡轮的效率，用 η 表示，即

$$\eta = \frac{M_W n_W}{M_B n_B} = Ki$$

上式表明，变矩器的传动效率与转矩比和传动比的乘积成正比，其关系如图 2-20 所示。

在失速点时，泵轮转动而涡轮静止，这时传到涡轮的转矩最大，但传动比为 0，传动效率为 0。

当涡轮开始转动时，随其转速升高，涡轮输出的转速与转矩成正比，传动效率急剧上升，传

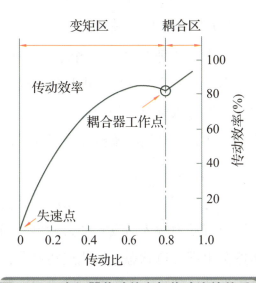

图 2-20 变矩器传动效率与传动比的关系

动效率在传动比达到耦合器工作点前达到最大值。其后又开始下降，这是因为从涡轮流出的部分油液开始冲击导轮叶片的背面，传动效率下降。在耦合器工作点时，从涡轮流出的大部分油液冲向导轮的背面，为防止传动效率进一步下降，导轮开始转动，液力变矩器变成液力耦合器，其传动效率与传动比成正比直线上升。

2. 液力变矩器的特性

1）转矩放大特性

在泵轮与涡轮的转速相差较大的情况下，油液被涡轮反弹回泵轮时以逆时针方向冲击泵轮叶片，如图2-21所示，并试图使泵轮逆时针旋转。由于涡轮与泵轮之间有固定不动的导轮，油液回流时以逆时针方向冲击导轮，而导轮的叶片使油液改变为顺时针方向流回泵轮。泵轮将来自发动机和从涡轮回流的能量一起传递给涡轮，使涡轮输出转矩增大。

液力变矩器的变矩特性只有在泵轮与涡轮转速相差较大的情况下才成立，随着涡轮转速提高，从涡轮回流的油液以顺时针方向冲击泵轮，推动泵轮旋转。若导轮仍然固定不动，油液会产生涡流，阻碍其自身运动。为此绝大多数液力变矩器在导轮机构中增设了单向离合器，也称自由轮机构，如图2-22所示。单向离合器在液力变矩器中起单向导通的作用，当涡轮与泵轮转速相差较大时，单向离合器锁止，导轮不动。涡轮转速升高到一定值后，单向离合器导通，允许导轮按涡轮的旋转方向转动，避免产生涡流，使油液顺利流回泵轮。

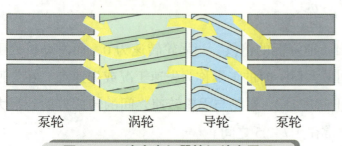

图2-21 液力变矩器转矩放大原理

图2-22 导轮上的单向离合器

2）耦合工作特性

液力变矩器工作时，当涡轮转速达到泵轮转速的90%以上时，单向离合器导通，液力变矩器进入耦合工作区，即导轮空转，变矩器不能改变输出转矩，只起液力耦合器作用。液力变矩器进入耦合区的转速与发动机节气门开度及车速有关。液力变矩器在低速时按变矩器特性工作，在高速时按耦合器特性工作，高效区工作的范围有所扩大。

3）失速特性

液力变矩器失速状态是指涡轮因负载过大而停止转动，但泵轮仍保持旋转，此时液力变矩器只有动力输入而没有动力输出。当车辆在变速器位于前进挡情况下进行制动时，液力变速器会出现失速状态。失速点转速是指涡轮停止转动时液力变矩器的输入转速，转速大小取决于发动机转矩、变矩器的尺寸和导轮、涡轮的叶片角度。

六、液力变矩器的检修

1. 液力变矩器的检查

1）外观检查

检查液力变矩器外部有无损坏和裂纹，轴套外径有无磨损，驱动油泵的轴套缺口有无损伤。如有异常，应更换液力变矩器。

2）径向圆跳动检查

将液力变矩器安装在发动机飞轮上。按图 2-23 所示方法检查变矩器轴套的径向圆跳动。转动飞轮 1 周，千分表的指针偏摆应小于 0.30 mm，否则，需更换一角度重新安装，然后再进行测量。如果径向圆跳动在允许的范围之内，应标注一记号，以保证安装正确。如果径向圆跳动始终不能调整到允许的范围以内，则应更换液力变矩器。

3）检查导轮单向离合器

用专用工具插入变矩器。转动单向离合器内座圈，检查单向离合器是否良好，如图 2-24 所示。顺时针转动时应能自由转动，逆时针转动应锁止。如果顺时针转动时有卡滞，或逆时针转动时能转动，都应更换液力变矩器。

图 2-23 径向圆跳动检查

图 2-24 检查导轮单向离合器

4）清洗

用 2 L 自动变速器油加入液力变矩器内部，摇动并清洗内部，倒出油液。之后再重复清洗 1 次即可。

2. 液力变矩器损坏的常见原因

液力变矩器损坏的常见原因有 3 个：一是检查油面不及时，液力变矩器因 ATF 泄漏、蒸发而长时间缺油运转，以致因热负荷加大，油质变坏而损坏；二是更换 ATF 不及时，液力变矩器因油质变坏（磨料微粒污染和 ATF 高温氧化、结胶）而损坏；三是液力变矩器因使用了非规定牌号的 ATF 或劣质 ATF 而损坏。

应该说明：多数 ATF 的更换周期为 40 000~50 000 km，换油时有 1/4~1/3 的 ATF 残存于液力变矩器中（个别车例外），残存 ATF 中的杂质和磨料微粒往往是液力变矩器损坏的主要原因。

3. 液力变矩器的常见故障

液力变矩器为不可拆式总成，一旦它产生了故障，能用于判断故障的参数只有发动机转速（泵轮转速）、涡轮转速（变速器输入轴转速）和 ATF 温度信号，只能通过对数据流进行机理分析和换件试验的方法排除故障。为了能正确地判断故障，对多个具有不同故障的液力变矩器进行了解剖、检查和分析，总结出 3 种常见的"机械"故障现象及故障判断方法可参考，如表 2-1 所示。

表 2-1　3 种常见的"机械"故障现象及故障判断方法

故障现象	故障原因	故障判断方法
汽车起步时液力变矩器增大转矩的能力变差，甚至在起步加速时发动机熄火	单向离合器打滑，导轮因不能锁止而反向旋转	将变速杆依次置于 D 位和 R 位下进行失速试验，如失速转速远低于标准值（>600 r/min）或发动机熄火，则单向离合器打滑
汽车加减速时液力变矩器中的异响增大，严重时出现"挂挡熄火"（将变速杆从 N 位挂入 D 位或 R 位时发动机熄火）现象	泵轮、涡轮和导轮间的轴承损坏（滚针飞脱），使各轮间的轴向冲击增大，产生异响；严重时，滚针将涡轮卡在液力变矩器壳内，使两套变为刚性连接（无相对滑转），以致汽车一起步，发动机就熄火；锁止离合器内减振弹簧的弹力降低引发异响；减振弹簧在断裂后可能将涡轮卡在液力变矩器壳内，以致发生"挂挡熄火"现象	如在汽车停驶状态下将变速杆依次挂入 D 位和 R 位时发动机熄火，或在汽车强行起步、加速时发动机的转速较高（多为 1 500 r/min 以上），则泵轮、涡轮和导轮间的轴承损坏；在汽车停驶状态下不断改变发动机的转速，如液力变矩器中的异响增大（只能用听诊器检查），则减振弹簧的弹力降低（还可将液力变矩器拆下后通过不断晃动液力变矩器的方法来检查）
汽车高速行驶时，发动机相应的转速偏高，发动机冷却液温度和 ATF 温度也偏高	由于液力变矩器锁止阀泄漏，锁止离合器频繁接合与分离，使其摩擦片磨损量过大；锁止离合器锁止电磁阀卡滞，锁止离合器或油压调节阀有故障	当车速为 100 km/h 条件下（锁止离合器应已接合）急促加速时，车速和发动机转速应同步上升，如车速上升的幅度不大，而发动机转速猛升，则锁止离合器摩擦片磨损量过大；根据解码器读得的数据流对下列参数进行判定：发动机转速、挡位、输入轴转速、输出轴转速、锁止离合器的状态和 ATF 温度

相关技能

1. 实训内容

（1）液力变矩器外观的检查。

（2）检测单向离合器的工作性能。

（3）检查变矩器轴套的径向圆跳动量。

2. 准备工作

（1）液力变矩器 1 台，百分表、专用工具各 1 套。
（2）准备相关车型维修手册。

3. 注意事项

能正确使用工具，零部件应摆放整齐，并保持操作台的清洁。

4. 操作步骤

液力变矩器外壳都是采用焊接式的整体结构，不可分解。液力变矩器内部除了导轮的单向离合器和锁止离合器压盘之外，没有互相接触的零件，因此在使用中基本不会出现故障，液力变矩器的维修工作主要是清洗和检查。

（1）液力变矩器外观的检查。

检查液力变矩器是否有损坏和裂纹_____，是否需要更换液力变矩器_____。

（2）检测单向离合器的工作性能。

如图 2-24 所示，装上维修专用工具，使其贴合在液力变矩器毂缺口和单向离合器的外座圈中，转动驱动杆，检查单向离合器工作是否正常_____。在逆时针转动时应锁住，而在顺时针转动时应能自由转动。

（3）检查变矩器轴套的径向圆跳动量。

首先将液力变矩器暂时安装在驱动盘上，为保证安装正确，在拆卸变速器时应在所在位置做个标记。安装百分表，如图 2-23 所示。如偏摆超过 0.30 mm，可通过重新调整液力变矩器的安装方位进行校正，并在校正后的位置上作一记号，以保证安装正确，若无法校正，应更换液力变矩器。

5. 技能总结

任务二 齿轮变速机构的检修

任务目标

完成本学习任务后，学生在基础知识和基本技能方面应达到以下要求。

知识目标

（1）掌握行星齿轮机构的几种变速原理。

（2）熟悉行星齿轮机构的基本组成。

能力目标

（1）能正确描述行星齿轮的变速原理。

（2）会分析辛普森行星齿轮变速机构各挡位动力传递路线。

（3）会处理辛普森行星齿轮变速机构的故障。

任务引入

液力变矩器可以在一定的范围内自动和无级地改变转矩比和传动比，但其较低的传动效率和仅 2~3 倍的变矩范围，无法满足汽车的行驶要求，因此在自动变速器中需要设置齿轮变速机构，以实现进一步增大传动比和提高转矩的目的。与液力变矩器配合的齿轮变速机构有平行轴式齿轮变速机构和行星齿轮变速机构。目前大多数自动变速器采用行星齿轮机构。

相关知识

一、行星齿轮机构的组成

行星齿轮机构一般由太阳轮、行星齿轮、行星架、齿圈等组成，如图 2-25 所示。太阳轮位于系统的中心，行星齿轮与它相啮合，最外侧是与行星齿轮相啮合的齿圈。通常具有 3~6 个行星齿轮，它们为均匀或对称布置。

图 2-25 行星齿轮机构结构

各行星齿轮借助滚针轴承和行星齿轮轴安装在行星架上,两端装有止推垫片。太阳轮、齿圈和行星架三者轴线重合,行星齿轮机构工作时,行星齿轮除绕行星齿轮轴自转外,同时还要绕太阳轮公转。这种运动与太阳系里行星的运动相似,各构件也由此得名。

二、行星齿轮机构的变速原理

根据能量守恒定律,3 个元件上输入和输出的功率的代数和应等于 0,从而得到单排行星齿轮机构一般运动规律的特性方程为

$$n_1 + an_2 - (1+a)n_3 = 0$$

式中:n_1、n_2、n_3——太阳轮、齿圈、行星架的转速;

a——齿圈与太阳轮的齿数比。

1. 齿圈固定

太阳轮为主动件且顺时针转动,而行星架则为被动件,如图 2-26(a)所示。太阳轮顺时针转动时,太阳轮轮齿必给行星轮齿 A 一个推力 F_1,如图 2-26(b)所示,则行星轮应为逆时针转动,但由于齿圈固定,所以齿圈轮齿必给行星轮齿 B 一个反作用力 F_2,行星轮在 F_1 和 F_2 合力作用下必须绕太阳轮顺时针旋转,行星轮不仅存在逆时针自转,并且在行星架的带动下,绕太阳轮中心轴线顺时针公转。在这种状态下,就出现了行星齿轮机构作用的传动方式,而且被动件行星架的旋转方向与主动件同方向。在这里,太阳轮是主动件而且是小齿轮,与被动件行星架没有具体齿数的传动关系,因此定义行星架的当量齿数等于太阳轮和齿圈齿数之和。这样,太阳轮带动行星架转动仍属于小齿轮带动最大的齿轮,是减速运动且有最大的传动比。因为此时 $n_2 = 0$,故传动比 $i_{13} = n_1/n_3 = 1+a$。

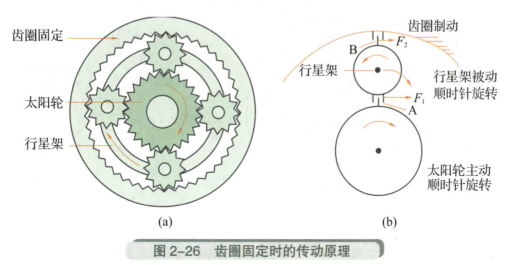

图 2-26 齿圈固定时的传动原理

2. 太阳轮固定

行星架为主动件且顺时针转动,齿圈为被动件,如图 2-27(a)所示。当行星架顺时转

动时,势必造成行星轮的顺时针转动,但因太阳轮制动,太阳轮齿给行星轮齿 B 齿一个反作用力 F_1,行星轮在 F_1 的作用下顺时针旋转,其轮齿给齿圈轮齿 A 一个 F_2 的推力,齿圈在 F_2 的作用下顺时针旋转,如图 2-27(b)所示。在这里,主动件行星架的旋转方向和被动件齿圈相同。由于行星架是一个当量齿数最大齿轮,因此被动的齿圈以增速的方式输出,两者间传动比小于 1。因为此时 $n_1 = 0$,故传动比 $i_{23} = n_3/n_2 = a/(1+a)$。

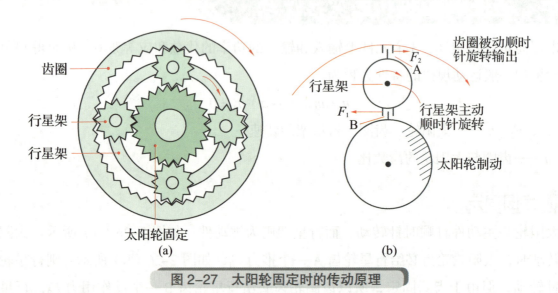

图 2-27 太阳轮固定时的传动原理

3. 行星架固定

太阳轮为主动件且顺时针转动,而齿圈则作为被动件,如图 2-28(a)所示。由于行星架被固定,则机构就属于定轴传动,太阳轮顺时针转动,给行星轮齿 A 一个作用力 F_1,行星轮则逆时针转动,给齿圈轮齿 B 一个作用力 F_2,齿圈也逆时针旋转,结果齿圈的旋转方向和太阳轮相反,如图 2-28(b)所示。在定轴传动中,行星轮起了过渡轮的作用,改变了被动件齿圈的旋向。因为此时 $n_3=0$,故传动比 $i_{12} = n_1/n_2 = -a$。

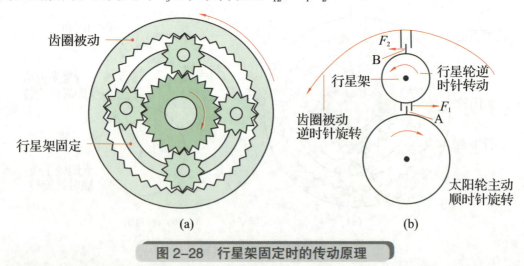

图 2-28 行星架固定时的传动原理

4. 联锁行星齿轮机构的任意两元件

若行星齿轮机构的太阳轮、行星架和齿圈三者中,有任意两机构被联锁成一体时,则各齿轮间均无相对运动，整个行星机构将成为一整体而旋转，此时相当于直接传动。太阳轮与齿圈连成一体时，太阳轮的轮齿与齿圈的轮齿间便无任何相对运动，夹在太阳轮与齿圈之间的行星轮也不会相对运动，因此太阳轮、齿圈和行星架便成为一体，传动比为1。

5. 不固定任何元件

若行星齿轮机构的太阳轮、行星架和齿圈三者中，无任何元件被固定，且无任意两个机构被联锁成一体，则各元件将都可做自由运动，不受任何约束，如图2-29所示。当主动件转动时，从动件可以不动，这样可以不传递动力，从而得到空挡。

从图2-25可知，太阳轮的齿数小于齿圈的齿数，属于小齿轮带动大齿轮的传动关系，因此齿圈显然是减速状态，即两者间的传动比大于1。注意，由于行星轮是过渡轮，传动比的大小与行星轮的齿数多少无关。

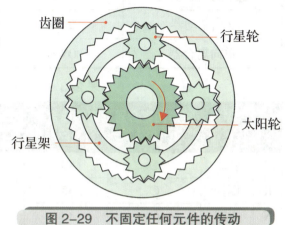

图2-29 不固定任何元件的传动

三、F4A42型自动变速器辛普森行星齿轮变速机构

1. F4A42型自动变速器机械结构

F4A42型变速器内部的有3个离合器、2个制动器和1个单向离合器。前排齿圈与后排行星架为一体，前排行星架与后排齿圈为一体，是动力输出端，两太阳轮独立运动，其结构如图2-30所示。换挡执行元件的作用如表2-2所示，不同挡位时各换挡执行元件的作用如表2-3所示。

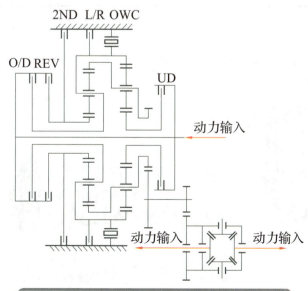

图2-30 F4A42型自动变速器结构示意

表 2-2 换挡执行元件的作用

换挡执行元件	代号	作用
减速挡离合器	UD	将输入轴连接到减速太阳轮
倒挡离合器	REV	将输入轴连接到倒挡太阳轮
超速挡离合器	O/D	将输入轴连接到超速挡行星架
低/倒挡制动器	L/R	固定低/倒挡齿圈和超速挡行星架
2挡制动器	2ND	固定倒挡太阳轮
单向离合器	OWC	单向固定低/倒挡齿圈和超速挡行星架

表 2-3 不同挡位时各换挡执行元件的作用

工作部件 换挡杆位置		减速挡离合器（UD）	倒挡离合器（REV）	超速挡离合器（O/D）	低/倒挡制动器（L/R）	2挡制动器（2ND）	单向离合器（OWC）
P	驻车	○	○	○	●	○	○
R	倒挡	○	●	○	●	○	○
N	空挡	○	○	○	○	○	○
D	1挡	●	○	○	○	○	●
	2挡	●	○	○	○	●	○
	3挡	●	○	●	○	○	○
	4挡	○	○	●	○	●	○
3	1挡	●	○	○	○	○	●
	2挡	●	○	○	○	●	○
	3挡	●	○	●	○	○	○
2	1挡	●	○	○	○	○	●
	2挡	●	○	○	○	●	○
1	1挡	●	○	○	●	○	●

1) 油泵与输入轴

变速器油泵与输入轴的分解如图 2-31 所示。

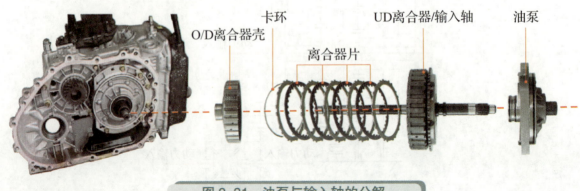

图 2-31 油泵与输入轴的分解

2) 行星齿轮和输出轴

变速器行星齿轮与输出轴的分解如图 2-32 所示。

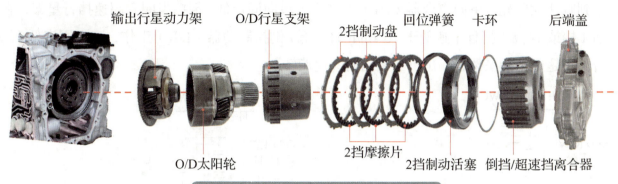

图 2-32　行星齿轮与输出轴的分解

3) 阀体的分解

阀体总成除了外阀体、内阀体、蓄压器等机械部件外，还包括油温传感器、低/倒挡电磁阀、超速挡（O/D）电磁阀、锁止离合器电磁阀、2 挡电磁阀、减速挡（UD）电磁阀及其连接线束等电气元件。阀体的分解如图 2-33 所示。

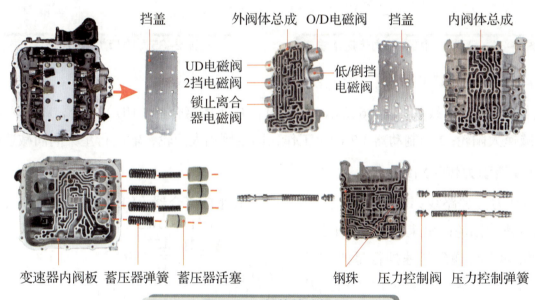

图 2-33　阀体的分解

2. F4A42 型自动变速器动力传递路线

1) R 挡（倒挡）动力传递路线

R 挡（倒挡）动力传递路线如图 2-34 所示。倒挡时，倒挡离合器（REV）结合，将输入轴动力传递到倒挡太阳轮；低/倒挡制动器（L/R）工作，固定低/倒挡齿圈和超速挡行星架，输出行星架反向减速旋转。

2）1挡动力传递路线

1挡动力传递路线如图2-35所示，1挡时，减速挡离合器（UD）结合，将输入轴动力传递到减速太阳轮；单向离合器（OWC）锁止，单向固定低/倒挡齿圈和超速挡行星架，在手动1挡或D位1挡且车速低于10 km/h时，低/倒挡制动器（L/R）工作，双向固定低/倒挡齿圈和超速挡行星架，输出行星架同向减速旋转。

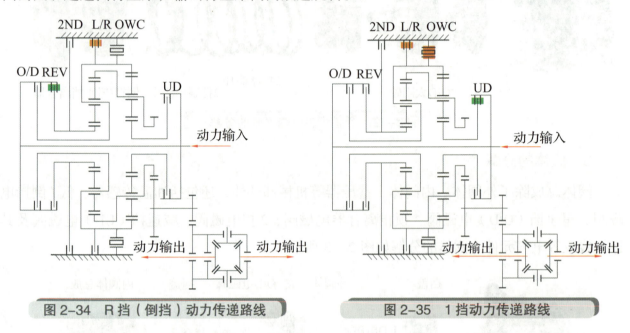

图2-34 R挡（倒挡）动力传递路线　　图2-35 1挡动力传递路线

3）2挡动力传递路线

2挡动力传递路线如图2-36所示，2挡时，减速挡离合器（UD）结合，将输入轴动力传递到减速太阳轮；2挡制动器（2ND）工作，固定倒挡太阳轮，输出行星架同向减速旋转。

4）3挡动力传递路线

3挡动力传递路线如图2-37所示，3挡时，减速挡离合器（UD）结合，将输入轴动力传递到减速太阳轮；超速挡离合器工作，将输入轴动力传递到超速挡行星架，行星齿轮机构中有两部件被同时驱动，则整个行星齿轮机构以一个整体旋转，传动比为1∶1。

5）4挡动力传递路线

4挡动力传递路线如图2-38所示，4挡时，超速挡离合器（O/D）工作，将输入轴动力传递到超速挡行星架；2挡制动器（2ND）工作，固定倒挡太阳轮，则输出行星架同向增速旋转。

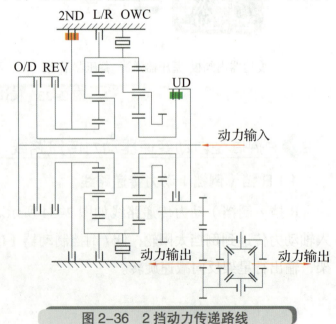

图2-36 2挡动力传递路线

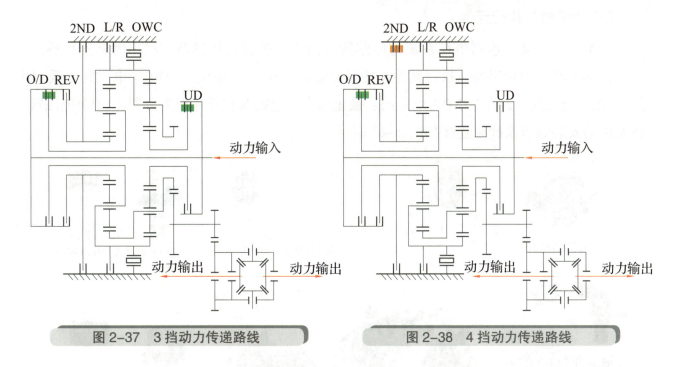

图 2-37　3挡动力传递路线　　　　　　　图 2-38　4挡动力传递路线

3. F4A42型自动变速器电控系统的组成

1）动力控制模块（PCM）

PCM位于驾驶员席左前方，仪表板左下部。PCM控制电路如图2-39所示。

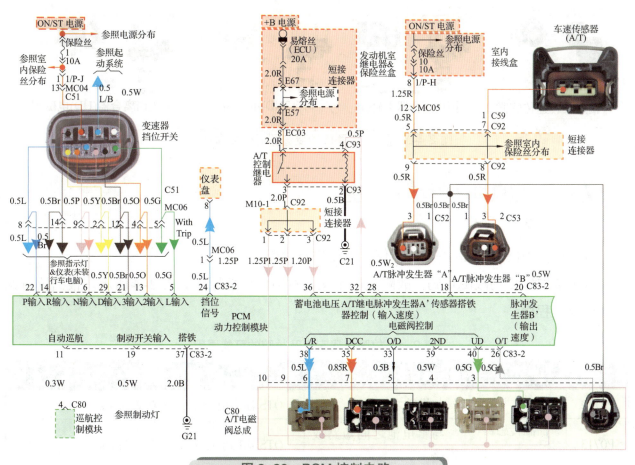

图 2-39　PCM控制电路

2）传感器与执行元件

F4A42型自动变速器电控系统的传感器包括输入轴转速传感器、输出轴转速传感器、车速传感器和油温传感器，执行元件包括变速器挡位开关、超速挡（O/D）电磁阀、低/倒挡（L/R）电磁阀、2挡（2ND）电磁阀、锁止离合器电磁阀和减速挡离合器（UD）电磁阀。各元件的安装位置及线束连接如图2-40所示。

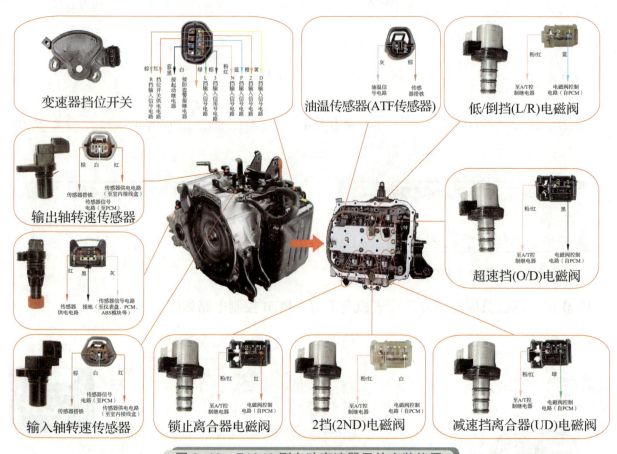

图2-40　F4A42型自动变速器元件安装位置

4. F4A42型自动变速器故障检修

1）自诊断

（1）连接Hi Scan Pro故障诊断仪，以便进行诊断。

（2）读取输出的故障代码，故障代码定义及故障的可能原因如表2-4所示。根据故障说明执行修正程序。

表2-4　故障代码定义及故障的可能原因

DT编码	诊断项目		可能原因
P0712	油温传感器	与搭铁之间短路	OTS输出电压小于0.07 V 约1 s
P0713		与蓄电池之间短路或断路	OTS输出电压大于4.59 V 约1 s

续表

DT 编码	诊断项目		可能原因
P0715	输入轴速度传感器	与蓄电池之间短路或断路/与搭铁之间短路	在车速大于 30 km/h 处没有检测到输入轴速度传感器输出脉冲
P0720	输出轴速度传感器	与蓄电池之间短路或断路/与搭铁之间短路	在车速大于 30 km/h 处,根据输出轴速度传感器计算的车速低于车速的 50%
P0703	制动开关	与蓄电池之间短路或断路	2.24 V 持续 5 min,小于输入电压,小于 2.76 V 或制动开关 ON 持续 5 min,输出轴速度大于 240 r/min
P0750	L/R 电磁阀	与蓄电池之间短路或断路/与搭铁之间短路	在继电器电压大于 10 V 的情况下,电路持续 320 ms 短路或断路
P0755	UD 电磁阀		
P0760	2ND 电磁阀		
P0765	O/D 电磁阀		
P0743	DCC 电磁阀		
P0731	同步故障	1 挡	换挡后,输入轴速度(输出轴速度×每个传动比)大于 200 r/min
P0372		2 挡	
P0733		3 挡	
P0734		4 挡	
P0736		倒挡	
P1604	CAN	没有来自 ECU 的 ID	没有 EMS 信息
P1603		CAN 通信 BUS OFF	CAN 信息发送故障
P0741	DCC	系统异常	检测 4 次的锁止离合器占空比为 100% 约 4 s
P0742		卡滞 ON	液力变矩器转差持续小于 5 r/min 连续 10 s
P0723	A/T 控制继电器	与搭铁之间短路/断路	点火开关 ON 后,A/T 控制继电器电压小于 7 V 或大于 24.5 V
P0707	变速器挡位开关	与搭铁之间短路/断路	持续 30 s 以上没有信号
P0708		与蓄电池之间短路或与开关之间短路	持续 30 s 有 2 种以上的信号

(3)如果失效保护系统被激活且变速箱锁入第三挡,失效保护代码说明中的故障诊断代码会储存入 RAM,可以储存这些故障诊断代码中的 3 个。

(4)在变速器锁入 3 挡、点火开关转至 OFF 位置的情况下可能发生消除操作,但故障诊断代码储存在 RAM 中。

(5)故障代码诊断记忆。

(6)故障代码的清除。

可以在最近的故障诊断代码记忆以后,ATF 温度到达 50 ℃ 的次数为 200 次时自动删除所有故障代码;可以使用诊断工具在符合下列条件下删除记忆的故障代码:

①点火开关ON；

②没有曲轴转角传感器的检测脉冲；

③没有输出轴速度传感器的检测脉冲；

④没有车速传感器的检测脉冲；

⑤失效保护装置不工作。

2）电气检测

（1）油温传感器的检查。

拆卸油温传感器，测量油温传感器1、2号端子之间的电阻值，如图2-41所示。测量值应符合表2-5所示。

图2-41 油温传感器的检查

表2-5 不同温度下油温传感器的电阻值

油温/℃	电阻值/kΩ
0	16.7~20.5
100	0.57~0.69

（2）车速传感器的检查。

拆下车速传感器，按图2-42所示连接一3~10 kΩ的电阻，旋转车速传感器轴并检查1、2端子之间是否有电压。

（3）自动变速器控制继电器的检查。

拆卸A/T控制继电器；利用跨接线将A/T控制继电器端子2与蓄电池正极连接，端子4与蓄电池负极连接，如图2-43所示；检查把跨接线与蓄电池连接和断开时，A/T控制继电器端子1和3是否导通。

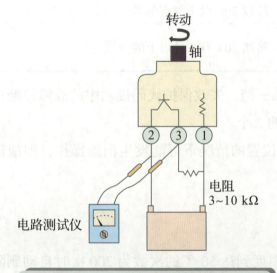

图2-42 车速传感器的检查

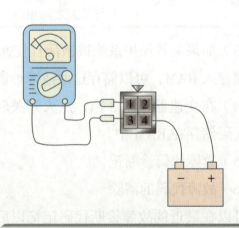

图2-43 自动变速器控制继电器的检查

如果存在故障，更换 A/T 控制继电器。

（4）换挡电磁阀的检查。

测量电磁阀总成插口的电阻值，如图 2-44 所示。测量值应符合表 2-6 所示，如果电阻超出标准值范围，则更换相应的电磁阀。

表 2-6　换挡电磁阀的电阻值

端子号	名称	电阻
7&10	锁止离合器	2.7~3.4 Ω（20 ℃）
10&6	低/倒挡电磁阀	
9&4	2 挡电磁阀	
9&3	减速挡电磁阀	
9&5	超速挡电磁阀	

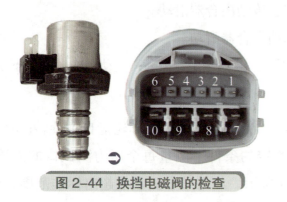

图 2-44　换挡电磁阀的检查

（5）变速器挡位开关导通性检查。

挡位开关及控制电路如图 2-45 所示。按照表 2-7 所示测量变速器挡位开关导通性，结果应符合技术标准。

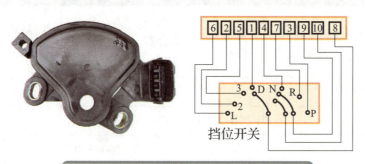

图 2-45　挡位开关及控制电路

表 2-7　挡位开关导通性测量

挡位	端子号									
	1	2	4	3	5	6	7	8	9	10
P				○―――――――○――○						
R							○――○			
N			○――――――――○――○							
D	○――――――――――――○									
3					○――――――○					
2			○――――――――――○							
1						○――○				

（6）输入/输出轴速度传感器的检查。

使用诊断工具检查输入/输出轴速度传感器的波形，结果应符合规定。

3）失速测试故障判断

（1）失速速度在D挡和R挡处太高，可能原因是：管道压力低；低/倒挡制动器滑动。

（2）失速速度仅在D挡处高，可能原因是减速传动离合器滑动。

（3）失速速度仅在R挡处高，可能原因是倒挡离合器滑动。

（4）失速速度在D挡和R挡处太低，可能原因是：液力变矩器故障；发动机输出动力不足。

4）ATF液压测试

将发动机暖机直到ATF温度达到80℃~100℃；举升车辆，使车轮能自由旋转；将压力表连接到每个压力测试口；在标准液压表中给定的条件下测量每个压力测试口的液压，并检查测量值是否在标准范围内，可参考表2-8所示。如果某个测量值超出标准范围，应修正故障。

表2-8 标准液压

测量条件			标准液压/kPa						
换挡杆位置	挡位	发动机速度/(r·min^{-1})	减速挡离合器压力	倒挡离合器压力	超速挡离合器压力	低/倒挡制动器压力	2挡制动器压力	锁止离合器供应压力	锁止离合器释放压力
P	驻车挡	2 500				260~340			260~340
N	空挡	2 500		1 270~1 770		1 270~1 770			500~700
R	倒挡					260~340			220~360
D	1挡	2 500				1 010~1 050			500~700
D	2挡	2 500	1 010~1 050				1 010~1 050		500~700
D	3挡	2 500	780~880		780~880			大于750	450~650
D	4挡	2 500			780~880		780~880	大于750	450~650

相关技能

1. 实训内容

（1）换挡电磁阀的检查。

（2）车速传感器电压的检查。

（3）自动变速器继电器的检查。

2. 准备工作

辛普森行星齿轮自动变速器1台，常用工具、专用工具各1套。

3. 注意事项

能正确使用工具，零部件应摆放整齐，并保持操作台的清洁。

4. 操作步骤

1) 换挡电磁阀的检查

测量电磁阀总成插口的电阻值，如果电阻超出标准值范围，则更换相应的电磁阀。

锁止离合器：测量值_____；标准值_____。

低/倒挡电磁阀：测量值_____；标准值_____。

2挡电磁阀：测量值_____；标准值_____。

低速挡电磁阀：测量值_____；标准值_____。

超速挡电磁阀：测量值_____；标准值_____。

结论：_____。

2) 车速传感器电压的检查

拆下车速传感器，按图2-42所示连接一个3~10 kΩ的电阻，旋转车速传感器轴，测量1、2端子之间电压值_____；结论_____。

3) 自动变速器控制继电器的检查

拆卸A/T控制继电器，利用跨接线将A/T控制继电器端子2与蓄电池正极连接，端子4与蓄电池负极连接，如图2-43所示；检查把跨接线与蓄电池连接和断开时，A/T控制继电器端子1和3是否导通_____；结论_____。

5. 技能总结

任务三 换挡执行机构的检修

任务目标

完成本学习任务后,学生在基础知识和基本技能方面应达到以下要求。

知识目标

(1) 掌握离合器的结构和工作原理。
(2) 掌握制动器的结构和工作原理。
(3) 掌握单向离合器的结构和工作原理。

能力目标

(1) 会拆卸离合器和检查钢片、摩擦片。
(2) 会检查制动片的磨损情况。
(3) 会检查单向离合器的性能。

任务引入

自动变速器机械传动大多数采用行星齿轮机构,通过离合器、制动器和单向离合器等换挡执行机构的作用组合,完成对多自由度行星齿轮机构某些自由度的约束,实现变速器的换挡。在离合器、制动器、单向离合器等执行元件中,前两者需要依靠电液控制系统的油路压力完成接合与释放动作,电控系统和液压控制系统的故障有可能会导致油路控制系统压力控制失效,从而使汽车换挡出现异常,变速器工作出现故障,严重时甚至会破坏变速器结构。

相关知识

一、离合器

1. 离合器的结构

离合器是自动变速器中最重要的换挡执行元件之一,它既可以作为驱动元件,又可以作为锁止元件。离合器的作用是将变速器的输入轴和行星排的某个基本元件连接,或将行星排的某两基本元件连接在一起,使之成为一整体转动。

自动变速器中所用的离合器为湿式多片离合器,通常由离合器毂、离合器活塞、复位弹簧、钢片、摩擦片、花键毂组成,其结构如图2-46所示。

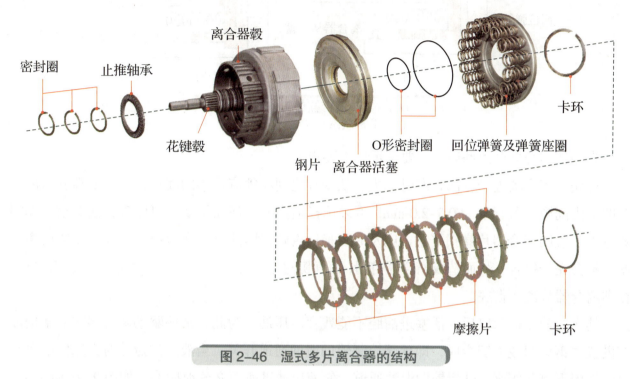

图 2-46　湿式多片离合器的结构

离合器活塞是一种环状活塞,安装在离合器毂内,由活塞内外围的密封圈保证其密封性,与离合器毂一起形成封闭的环状液压缸,并通过离合器毂内圆轴颈上的进油孔和油道相通。

主动片(钢片)和从动片(摩擦片)交错排列,统称为离合器片,均为钢制材料制成。为保证离合器片结合平顺及散热,把它浸在油液中,因而称为湿式离合器。主动片的外花键齿安装在离合器毂内,可以沿键槽做轴向移动;从动片由其内花键齿与离合器毂的外花键连接,也可以沿键槽做轴向移动。从动片的两面烧结有摩擦因数较大的铜基粉末冶金层或合成纤维层,与主动片组成钢-粉末冶金摩擦副。

2. 离合器的工作原理

离合器的工作原理如图2-47所示,当离合器处于分离状态时,活塞在回位弹簧作用下处于左极限位置,钢片与摩擦片间存在一定间隙。当液压油经油道进入活塞左腔室时,液压力克服弹簧张力使活塞右移,将所有钢片、摩擦片依次压紧,离合器接合。该元件成为输入元件,动力经主动元件、离合器毂、钢片、摩擦片和花键毂传至行星轮机构。油压撤出后,活塞在回位弹簧的作用下回位,离合器分离,动力传递路线被切断。

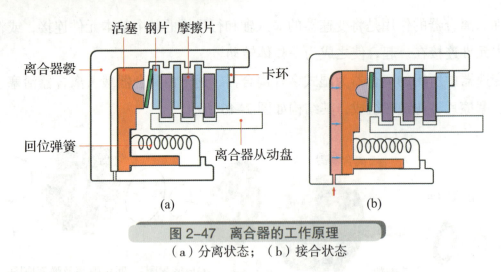

图 2-47 离合器的工作原理
(a) 分离状态；(b) 接合状态

为保证离合器分离彻底，需要满足以下要求。

首先，离合器处于分离状态时，主、从动片之间必须有足够的间隙，这一间隙称为离合器的自由间隙，其标准为 0.5~2.0 mm，可以选择适当的卡环和从动片厚度等方法调整。如间隙过大，表明离合器片磨损严重，应及时更换；否则，即使复位弹簧被压至全部压紧而离合器也不会完全接合，从而造成离合器打滑；而间隙过小，往往由于离合器片翘曲，也需更换，否则离合器分离不彻底。

其次，油压撤除以后，活塞进油腔不能残存液压油。为此，某些驱动离合器在活塞进油腔设置由钢球组成的安全阀，即球阀控制辅助泄油通道开关。当液压油撤除时，球体在离心力的作用下离开阀座，开启辅助泄油通道，使液压油迅速而充分地撤除，如图 2-48 所示。

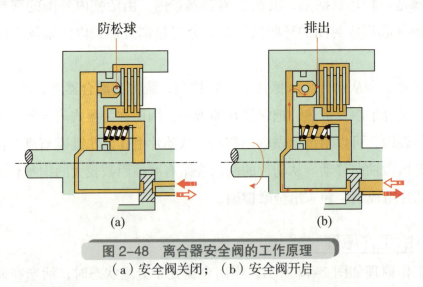

图 2-48 离合器安全阀的工作原理
(a) 安全阀关闭；(b) 安全阀开启

3. 离合器的检修

1）离合器组件的拆卸

（1）离合器片的拆卸。

如图 2-49 所示，拆下压紧压盘的卡环，将压盘和摩擦片及钢片一起取出，不要将它们的前后次序和工作面弄反。

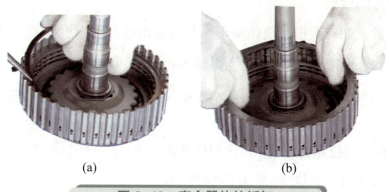

图 2-49 离合器片的拆卸
（a）拆下卡环；（b）取出摩擦片和钢片

（2）活塞的拆卸。

如图 2-50 所示，用专用工具压缩活塞弹簧保持架，用卡簧钳拆下活塞弹簧保持架定位卡簧。观察弹簧位置并记录，取出弹簧，摆放整齐。从离合器毂活塞缸内垂直取出活塞。

图 2-50 活塞的拆卸
（a）压缩活塞弹簧保持架；（b）取出活塞

2）离合器摩擦片的检查

（1）外观检查。

检查离合器的摩擦片，如有烧焦、表面摩擦片材料脱落、扭曲变形、开裂等现象，则应更换。如图 2-51 所示，摩擦片上的油槽已经模糊不清或完全消失，说明摩擦材料磨损已很严重，应更换摩擦片。摩擦片表面印有符号，若这些符号已被磨去，则说明摩擦片已磨损至极限，应更换。也可测量摩擦片的厚度，若小于极限厚度，则应更换。

图 2-51 摩擦片外观的检查

（2）摩擦片吸油性检查。

离合器摩擦材料应保持良好的吸油性。用手指轻压离合器摩擦材料表面，如果有油浸出说明摩擦材料仍具有吸油性，否则应更换摩擦片。

3）压盘和钢片的检查

检查压盘和钢片，如有磨损、扭曲变形、开裂等现象，则应更换。

4）离合器活塞、活塞单向阀及回位弹簧的检查

检测离合器活塞和离合器活塞单向阀，如果离合器活塞单向阀松动或损坏，则应更换离合器活塞。

使用游标卡尺检查回位弹簧总成，检测回位弹簧在自由状态下的长度（自由长度），如图 2-52 所示，测量值与维修手册的标准值对照。如果自由长度小于标准自由长度，则应更换离合器回位弹簧总成。

检测离合器盘、离合器片和离合器压板是否磨损、损坏和掉色。如果离合器盘磨损、损坏和掉色，则成套更换。离合器盘更换后，应检测离合器压板与前端离合器盘的间隙。

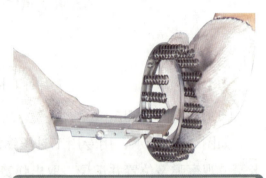

图 2-52　检查回位弹簧自由长度

5）离合器毂的检查

检查离合器毂，其液压缸内表面应无损伤或拉毛，与钢片配合的花键槽应无磨损。如有异常，则应更换。

6）离合器组件的安装

离合器的组装与离合器的拆卸过程相反。需要注意：在组装离合器的过程中要给活塞涂上变速器油，将新的钢片、摩擦片、压板等放入变速器油液中浸泡 30 min 左右，再进行组装。

二、制动器

制动器的作用是将行星排中的太阳轮、齿圈和行星架这 3 个基本元件之一加以固定、使之不能旋转。在自动变速器中作为换挡执行机构的制动器，其结构类型较多，目前最常见的是片式制动器和带式制动器。

1. 片式制动器的结构与工作原理

片式制动器由制动器活塞、回位弹簧、钢片、摩擦片、制动器毂等组成，如图 2-53 所示。其工作原理与湿式多片离合器基本相同，如图 2-54 所示，只是其钢片通过外花键齿安装在变速器壳体的内花键齿圈上，摩擦片则通过内花键齿和制动器毂上的外花键槽相连，制动器毂与行星轮机构的元件相连。当液压缸中没有液压油时，制动毂可以自由旋转，当液压油进入制动器的液压缸后，通过活塞将钢片和摩擦片压紧在一起，制动器毂以及与其相连的

行星轮机构的某一元件被固定而不能旋转。

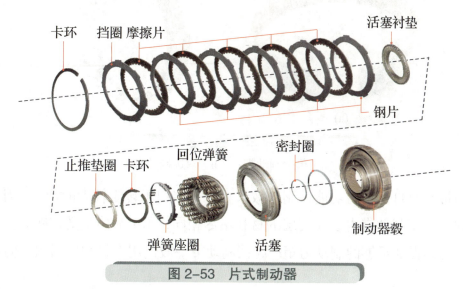

图 2-53 片式制动器

钢片、摩擦片均由钢板冲压而成，摩擦片表面有厚度为 0.38~0.76 mm 的摩擦材料层。为保证分离彻底，钢片和摩擦片间必须有足够的间隙，其标准值为 0.25~0.38 mm，可以通过选择适当的压盘、卡环、摩擦片厚度等方法调整该值。

片式离合器、制动器所能传递的动力大小与摩擦片的面积、片数及钢片与摩擦片间的压紧力有关，压紧力的大小由作用在活塞上的油压及作用面积决定，

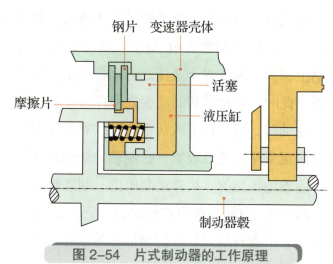

图 2-54 片式制动器的工作原理

但增大油压将引起接合时的冲击。当压紧力一定时，传递动力的大小取决于摩擦片的面积和片数。考虑到通用化、标准化等因素，其基本尺寸基本相近或相同。因不同离合器、制动器所传递动力大小各异，所以使用的摩擦片的片数也有所不同，一般摩擦片为 2~6 片，钢片等于或多于摩擦片的片数。这样，同一厂家同一类型的自动变速器可以在不改变离合器、制动器外形和尺寸的条件下，通过增减摩擦片的片数满足不同动力传递要求。增加或减少摩擦片的片数时，要相应地减少或增加钢片的片数，或者增减调整垫片的厚度，以保证离合器的自由间隙不变。

2. 带式制动器的结构与工作原理

带式制动器由制动带及其伺服装置组成。制动带是内表面带有镀层的开口式环形钢带，开口的一端支撑在与变速器壳体固连的支座上，另一端与伺服装置相连。按结构可以分为单边制动带和双边制动带，如图 2-55 所示。

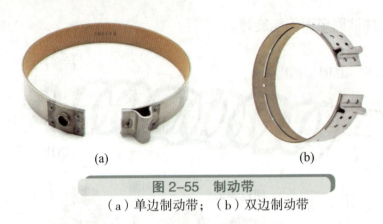

图 2-55 制动带
（a）单边制动带；（b）双边制动带

双边制动带具有自行增力功能，制动效果更好，多用于转矩较大的低/倒挡制动器。用于不同挡位的同类型制动带内表面镀层的材料不尽相同，低/倒挡制动带镀层多采用金属摩擦材料，其作用是保证足够的制动力矩；高挡制动带一般使用有机耐磨材料，防止制动毂过度磨损。

按伺服装置不同，制动器可分为直接作用式制动器和间接作用式制动器。直接作用式制动器的工作原理如图 2-56 所示。制动带开口的一端通过摇臂支撑于固定在变速器壳体的支承销上，另一端支撑于液压缸活塞杆端部，活塞在回位弹簧和左腔油压的作用下位于右极限位置。此时，制动带和制动毂之间存在一定间隙。

制动时，液压油进入活塞右腔，克服左腔油压和回位弹簧的作用力推动活塞左移，制动带以固定支座为支点收紧。在制动力矩的作用下，制动毂停止旋转，行星轮机构某元件被锁止。随着油压撤除，活塞逐渐回位，制动解除。

图 2-57 为间接作用式制动器。它与上述结构的区别在于制动器开口的一端支承于推杆的端部，活塞杆通过杠杆控制推杆的动作。由于采用杠杆结构将活塞作用力放大，制动力矩进一步增加。

制动解除后，制动带与制动毂之间应存在一定间隙，否则会导致制动带过度磨损和制动毂的滑磨，影响行星轮系统的正常工作。

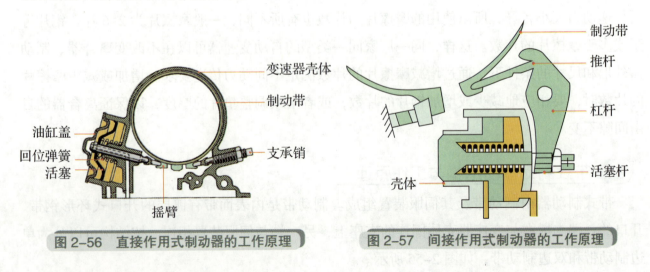

图 2-56 直接作用式制动器的工作原理　　图 2-57 间接作用式制动器的工作原理

3. 制动器的检修

1)片式制动器的检查

检查制动器摩擦片有无烧焦、表面粉末冶金层有无脱落或翘曲变形,若有则应更换。另外,许多自动变速器摩擦片表面印有符号,若这些符号已被磨去,说明摩擦片已磨损至极限,应更换。也可以测量摩擦片的厚度,若小于极限厚度,应更换。检查钢片,如有磨损或翘曲变形,应更换。

2)带式制动器的检查

检查制动带内表面有无烧焦、表面粉末冶金足有无脱落,或表面符号有无磨去,若有则应更换制动器带。检查制动器伺服机构部件有无磨损或划痕;检查制动器的活塞,其表面应无损伤或拉毛;液压缸内表面应无损伤或拉毛。如有异常,则应更换。

三、单向离合器

单向离合器的作用是在一定条件下固定行星排的某一基本元件。与制动器不同的是,它依靠单向锁止原理起作用。与之相连元件的受力方向与锁止方向相同时,该元件被固定;而当受力方向与锁止方向相反时,该元件被松开。在行星轮系中有若干个单向离合器,其工作性能对变速器的换挡质量有很大影响。另外,单向离合器不需要附加的液压或机械操纵装置,结构简单,不易发生故障。单向离合器有滚柱式单向离合器和楔块式单向离合器。

1. 滚柱式单向离合器的结构与工作原理

滚柱式单向离合器由滚柱、弹簧、外圈、支架和内圈组成,如图2-58所示。

滚柱式单向离合器处于工作状态时,如果单向离合器的外圈相对于内圈做逆时针转动,那么,滚柱就会在开口槽中向大端移动并压缩弹簧,这时,单向离合器不会出现锁止现象。而允许外圈转动,也就是单向离合器在此时允许其外圈相对于内圈做逆时针转动。这就是滚柱式单向离合器的自由状态。

与自由状态相对的就是滚柱式单向离合器的锁止状态。当工作时,如果单向离合器的外圈相对于内圈做顺时针转动,那么,滚柱就会在外圈的带动下向开口槽窄处移动。由于在窄处的宽度小于滚柱的直径,于是将内外圈一起锁住。锁住内外圈的目的是要在它们之间传递扭矩。

单向离合器中的弹簧作用是改善滚柱最初的楔入,滚柱一旦楔入开口槽的小端,单向离合器处于锁止状态,这就避免了其外圈相对于内圈做顺时针转动,或内圈相对于外圈做逆时针转动。

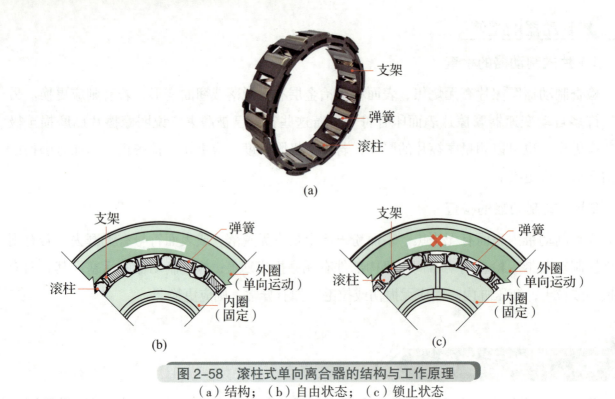

图 2-58　滚柱式单向离合器的结构与工作原理
（a）结构；（b）自由状态；（c）锁止状态

2. 楔块式单向离合器的结构与工作原理

楔块式单向离合器由内圈、外圈、支架、楔形块和保持弹簧组成，如图 2-59 所示。

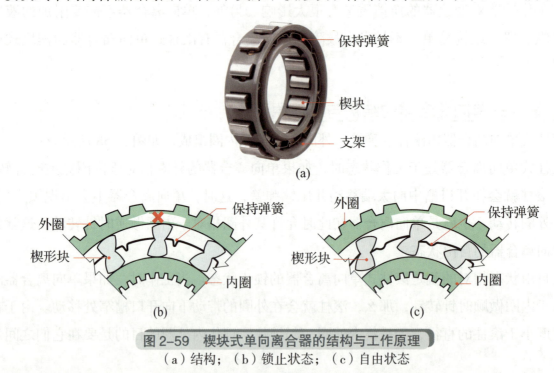

图 2-59　楔块式单向离合器的结构与工作原理
（a）结构；（b）锁止状态；（c）自由状态

楔块式单向离合器与滚柱式单向离合器中滚柱的工作原理类似。外圈在外力的作用下相对于内圈做顺时针转动，楔块又被外圈推动发生倾斜。此时，在内、外圈和楔块之间有了一定空隙，故而离合器不会锁止。也就是楔块式单向离合器允许其外圈相对于内圈做顺时针转动,或允许其内圈相对于外圈做逆时针转动。

但是,如果在外力的作用下外圈试图相对于内圈做逆时针转动时,楔块受到几何尺寸的限制而卡在内、外圈之间,内、外圈就会锁死在一起。换而言之,内、外圈一旦被楔块卡住,单向离合器就会锁止,使得内、外圈无法相对运动,便于两者间的扭矩的传递。

为保证楔块能够顺利地锁住内、外圈,在楔块式单向离合器中装有一保持弹簧,使楔块倾斜一定的角度。

3. 单向离合器的检修

1)常见损坏形式及原因

(1)单向无锁止。原因是滚柱或楔块磨损、弹簧失效。

(2)卡滞。原因是滚柱或楔块变形,内外环支架破裂、变形等。

(3)内外环支架变形、拉伤。其原因是高温、油中有杂质等。

2)检查方法

(1)检查单向离合器的锁止方向。其应在一个方向有效锁止,在反方向可自由转动。若在锁止方向打滑或在自由转动方向卡滞,应更换单向离合器。

(2)目测检查有无变形、拉伤等情况。

(3)单向离合器沿运动方向旋转时,其转矩必须小于 2.5 N·m,如大于该值就应更换。金属材料的滚柱式单向离合器不仅装配时严禁击打,装配前也应认真检查其上、下平面,如发现有凹坑,必须更换。

(4)单向离合器中的滚柱滚过凹点时会因发生卡滞,从而发出明显的"嗡嗡"声。维修时可以根据"嗡嗡"声出现的时机来判断具体是哪个单向离合器发生故障。

相关技能

1. 实训内容

(1)离合器的检查。

(2)制动器的检查。

(3)单向离合器的检查。

2. 准备工作

(1)自动变速器 1 台,常用拆装工具、专用工具各 1 套。

(2)准备相关车型维修手册。

3. 注意事项

能正确使用工具，零部件应摆放整齐，并保持操作台的清洁。在安装新的摩擦片、钢片、压板时，需要在变速器油中浸泡 30 min 左右，再进行安装。

4. 操作步骤

1）离合器的检查

检查离合器钢片及摩擦片是否过度磨损＿＿＿＿＿，是否有裂纹和烧蚀等现象＿＿＿＿＿＿＿。测量回位弹簧在自由状态下的长度＿＿＿＿＿，与标准长度对照，是否符合要求＿＿＿＿＿，标准值是＿＿＿＿＿。

2）制动器的检查

检查制动器有无烧蚀脱落现象＿＿＿＿＿，测量制动器厚度为＿＿＿＿＿，标准值为＿＿＿＿＿，不符合要求应更换。

3）单向离合器的检查

检查单向离合器锁止方向，是否打滑和卡滞＿＿＿＿＿，目测单向离合器有无变形＿＿＿＿＿，如不符合技术要求应更换单向离合器。

5. 技能总结

任务四　液压控制系统的检修

任务目标

完成本学习任务后,学生在基础知识和基本技能方面应达到以下要求。

知识目标

(1) 掌握控制机构各阀的工作过程。

(2) 熟悉液压控制系统的基本组成。

能力目标

(1) 能分析各控制阀的工作过程。

(2) 会检修油泵。

任务引入

目前使用的电控自动变速器都离不开液压控制系统,而液压控制系统是由动力源、执行机构和控制机构组成。动力源是指油泵,执行机构包括各离合器、制动器等,在任务三中已详细讲解,而控制机构包括主油路调压阀、手动阀、换挡阀、锁止离合器控制阀等。只有充分掌握其理论知识才能对其进行检修。

相关知识

一、液压控制系统的功用

液压控制系统的功用是根据电磁阀的工作状态,控制换挡元件(换挡离合器和换挡制动器)的油路接通与切断,从而改变齿轮变速机构的传动比来实现自动换挡。

二、液压控制系统的基本组成

自动变速器的自动控制是靠液压控制系统完成的。液压控制系统由动力源、执行机构和控制机构组成，主要元件如图 2-60 所示。

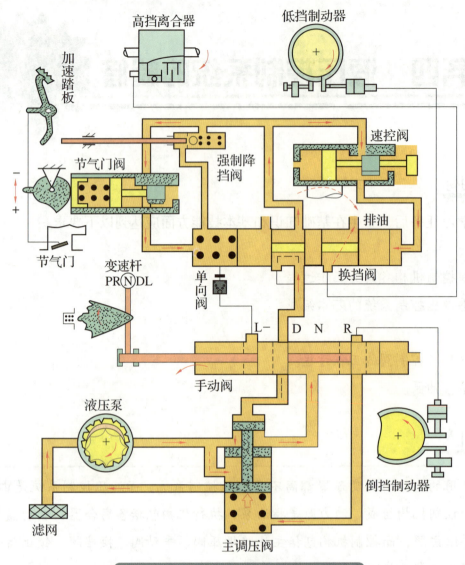

图 2-60 液压控制系统的基本组成

动力源是由液力变矩器泵轮驱动的液压泵，除了向控制机构、执行机构供给液压油实现换挡外，还向液力变矩器提供液压油以起到冷却作用。

执行机构包括各离合器、制动器的液压缸，其功用是在控制油压的作用下实现离合器的接合和分离、制动器的制动和松开动作，以便得到相应的挡位。

控制机构包括阀体和各种阀，主要有主油路调压阀、手动阀、换挡阀、锁止离合器控制阀等。

本任务主要讲解液压控制系统的动力源及控制机构的结构、工作原理、故障检修。

三、动力源的结构与工作原理

动力源是被液力变矩器泵轮驱动的液压泵。液压泵又称油泵，一般位于液力变矩器和行星轮系统之间。其类型主要有齿轮泵、转子泵和叶片泵,如图2-61所示。3种泵的共同特点是:内部元件(转子)由液力变矩器花键毂或驱动轴驱动,外部元件与内部元件之间有一定的偏心距。

图2-61 液压泵的类型
(a)齿轮泵;(b)转子泵;(c)叶片泵

常用的液压泵为内啮合齿轮泵,主要由主动齿轮、从动齿轮、月牙板、壳体等组成。主动齿轮为外齿轮,从动齿轮为内齿轮,在壳体上有一月牙板,把主、从动齿轮不啮合的部分隔开,并形成2个工作腔,分别为进油腔和出油腔。进油腔与泵体上的进油口相通,出油腔与泵体上的出油口相通。主动齿轮内径上有两对称的凸键,与液力变矩器后端油泵驱动毂的键槽或平面相配合。因此,只要发动机转动,液压泵便转动并开始供油。

液压泵在工作过程中,主动齿轮带动从动齿轮转动,在齿轮脱离啮合的一端(进油腔),容积不断变大,产生真空吸力,将液压油从油底壳经滤网吸入液压泵。在齿轮进入啮合的一端(出油腔),容积不断减小,油压升高,把液压油从出油腔挤压出去。这样,液压泵不断地运转,形成了具有一定压力的油液,供给自动变速器工作。

四、控制机构的结构与工作原理

控制机构包括阀体和各种阀,有主油路调压阀、手动阀、换挡阀、锁止离合器控制阀等。

1. 液压阀体总成

自动变速器的阀体是自动变速器的液压控制模块,自动变速器控制油路通道是由上、下或是上、中、下阀体组合在一起后形成的,如图2-62所示。阀体内装有各种电磁阀、油温传感器等电气元件,还有各种控制阀、转换阀、开关阀、手动换挡阀、油压调节阀、失效保护阀等。

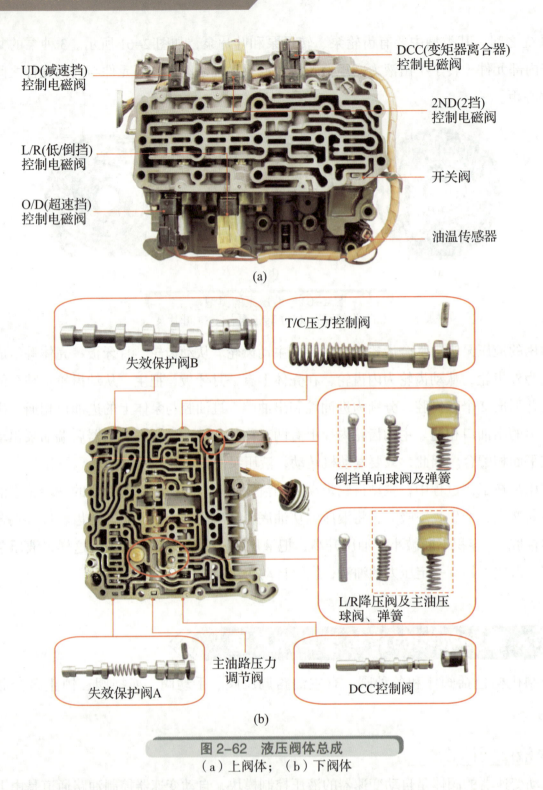

图 2-62 液压阀体总成
（a）上阀体；（b）下阀体

2. 主油路调压阀

自动变速器油从油泵泵出后，进入主油路系统中。由于油泵是由发动机直接驱动的，故其泵油量和压力均受发动机工况的影响。发动机在怠速工况和在发动机最高转速时的转速差很大，从而使得油泵泵油量和压力变化很大。因此，必须在主油路中设置调压阀，其作用是将油泵输出压力调节到所需值后再输入主油路，以满足自动变速器各种工况对油压的要求。主油路调压阀的结构原理如图 2-63 所示。

来自油泵的油压作用到阀芯上，给阀芯一向下的作用力。当油泵油压升高时，作用在 A 处向下的液压力增大，推动阀芯下移，泄油缝打开，油泵输出的部分油液经泄油孔排回到油底壳，使工作油压力被调整到规定值。

节气门阀输出的油压力作用到柱塞和阀芯上，使阀芯受到一向上的作用力。当节气门开度小时，节气门油压低，阀芯下移，泄油缝增大，系统油压减小；反之，系统油压增大。

当手柄处于 R 位时，来自手控阀 R 位置的工作油压作用到柱塞上，阀芯又增加了一向上的作用力，阀芯上移，泄油缝减小，系统油压增大。

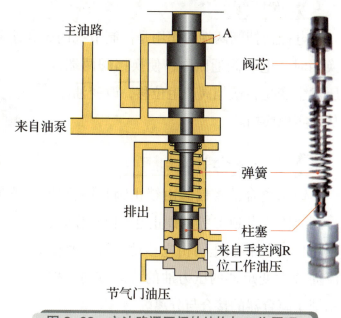

图 2-63 主油路调压阀的结构与工作原理

3. 手动阀

手动阀通过连杆机构与驾驶室内的变速器变速杆相连，驾驶人操纵变速杆可以带动手动阀移动，其作用是根据变速杆位置的不同依次将管路压力导入相应各挡油路。图 2-64 为自动变速器的手动阀。当驾驶人操纵变速杆时，手动阀会移动，使主油压通往不同的油道。变速杆处于 P 位时，主油压会通往 P、R 和 L 位油道；变速杆处于 R 位时，主油压会同时通往 P、R 和 L 位油道与 R 位油道；变速杆处于 N 位时，手动阀会将主油压进油道切断，使不会有主油压通往各换挡阀；变速杆处于 D 位时，主油压会通往 D、2 和 L 位油道；变速杆处于 2 位时，主油压会同时通往 D、2 和 L 位油道及 2 和 L 位油道；变速杆处于 L 位时，主油压会同时通往 D、2 和 L 位油道、2 和 L 位油道及 P、R 和 L 位油道。

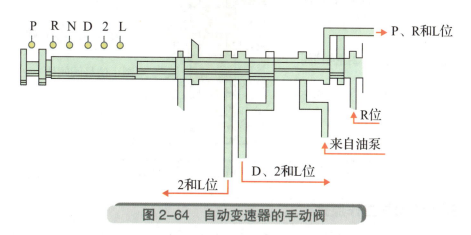

图 2-64 自动变速器的手动阀

4. 换挡阀

电控换挡阀两端的作用是控制节气门阀和速控阀油压的电磁阀 A、B，如图 2-65 所示。换挡时，电磁阀通断电，使换挡阀两端油压发生变化，换挡阀产生位移，改变油路，从而实现换挡。

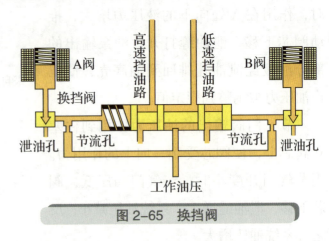

图 2-65 换挡阀

5. 锁止离合器控制阀

锁止离合器控制阀由锁止阀和锁止信号阀组成，当 ECU 控制锁止电磁阀动作时，锁止信号阀和锁止阀相应移动，从而改变流向液力变矩器的压力油的流动方向，控制锁止离合器的接合与分离。

1）锁止信号阀的结构与工作原理

锁止信号阀的结构与工作原理如图 2-66 所示，锁止信号阀由阀体和弹簧组成。锁止电磁阀未通电时，主油路压力油作用在锁止信号阀上端，克服弹簧力，将阀体推移到下位。自动变速器在 1 挡工作时，油道 3 内无液压油；当自动变速器升入 2 挡后，1、2 挡换挡阀接通手控阀第三道至 2 挡制动器 B_2 的油路，同时液压油经油道 3 流入锁止信号阀，但由于锁止信号阀工作在下位，油道 3 和油道 4 不能连通，因而此液压油不能流向锁止阀。当升高到一定车速后，ECU 控制锁止电磁阀通电，锁止信号阀上端泄油，在弹簧力作用下阀体上移，使油道 3 和油道 4 连通，这样，来自 1、2 挡换挡阀的液压油经油道 3 和油道 4 作用在锁止阀下端，推动锁止阀移动，改变液压油流通方向，使锁止离合器接合。

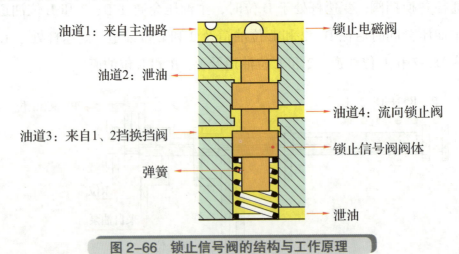

图 2-66 锁止信号阀的结构与工作原理

2）锁止阀的结构与工作原理

锁止阀的结构与工作原理如图 2-67 所示。当锁止电磁阀未通电时，主油路液压油经油道 1 作用在锁止阀上端，且锁止阀下端没有来自锁止信号阀的液压油，因而锁止阀工作在下位，来自次调压阀的压力油经油道 7 和油道 3 流向液力变矩器的活塞端，变矩器叶轮端液压油经油道 4 和油道 5 流向散热器，即变矩器活塞端进油，叶轮端回油，锁止离合器处于分离状态。当自动变速器升入 2 挡，且车速升高到规定值以后，ECU 控制锁止电磁阀通电，锁止阀上端泄油，且锁止信号阀动作，液压油经油道 8 作用在锁止阀下端，推动锁止阀上移，油道 7 与油道 4 连通，来自次调压阀的液压油经油道 4 流向变矩器叶轮端（同时有部分压力油经节流小孔流向散热器冷却），活塞端液压油经油道 3 和油道 6 回油，即变矩器叶轮端进油，活塞端回油，锁止离合器接合，自动变速器处于闭锁状态。

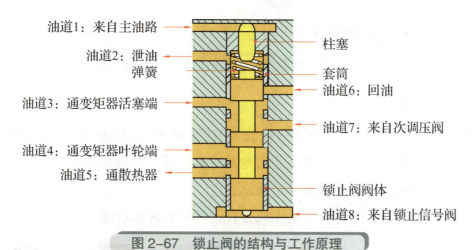

图 2-67 锁止阀的结构与工作原理

五、液压控制系统的检修

1. 油泵的检修

以 A342E 型自动变速器油泵为例，其油泵间隙要符合表 2-9 所示的标准要求。

表 2-9 油泵齿轮标准间隙   mm

测量部位	标准间隙	最大间隙
内齿轮与壳体间隙	0.07~0.15	0.3
齿顶与月牙板的间隙	0.11~0.14	0.3
齿轮端隙	0.02~0.05	0.1

1）油泵的分解

（1）拆下油泵后端轴颈上的密封环，如图 2-68 所示。

（2）按照对称交叉的顺序依次松开油泵的连接螺栓，打开油泵。

（3）用油漆在小齿轮和内齿轮上标注一记号，取出小齿轮及内齿轮。

（4）拆下油泵前端盖上的油封。

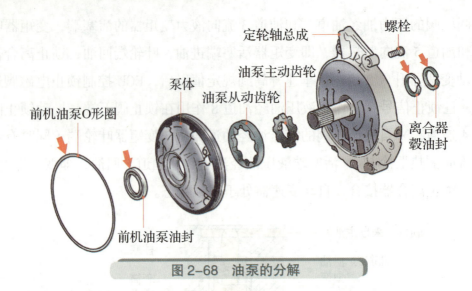

图 2-68 油泵的分解

2）油泵零件的检查

（1）如图 2-69 所示，用塞尺分别测量油泵内齿轮外圆与油泵壳体之间的间隙、小齿轮及内齿轮的齿顶与月牙板之间的间隙、小齿轮及内齿轮端面与泵壳平面的端隙，测量结果应符合技术标准，否则更换齿轮、泵壳或油泵总成。

（2）检查油泵小齿轮、内齿轮与泵壳端面有无可见的磨损痕迹，如有，则应更换新件。

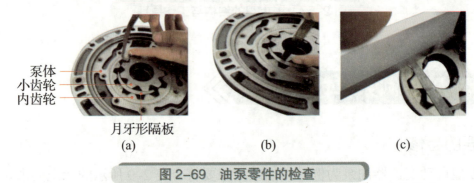

图 2-69 油泵零件的检查
（a）内齿轮与壳体间隙；（b）齿顶与月牙板的间隙；（c）齿轮端隙

3）油泵的组装

用干净的煤油清洗油泵的所有零件，并用压缩空气吹干，再在清洁的零件上涂少许 ATF，按下列步骤组装。

（1）在油泵前端盖上装入新的油封。

（2）更换所有的 O 形密封圈，并在新的 O 形密封圈上涂 ATF。

（3）按分解时相反的顺序组装油泵各零件。

（4）按照对称交叉的顺序，依次拧紧油泵盖紧固螺栓，拧紧力矩为 10 N·m。

（5）在油泵后端轴颈上的密封环槽内涂上润滑脂，安装新的密封环。

4）检查油泵运转性能

将组装后的油泵插入液力变矩器中，转动油泵，齿轮转动应平顺、无异响。

2. 阀板的检修

在拆检自动变速器时，一般不检修阀板，以免影响阀板内各控制阀的装配精度。只有在自动变速器换挡规律失常，或摩擦片严重烧毁、阀板内沾有大量摩擦粉末时，才对阀板进行检修。在检修阀板时，应注意以下问题。

（1）切不可让阀芯等重要零件掉落，不要将铁丝等硬物伸入阀板中，以免损伤阀芯和网孔的精密配合表面。

（2）阀板零件在清洗后，使用压缩空气吹干，而不允许用棉布擦拭，以免沾上细小的纤维丝，造成控制阀卡滞。

（3）装配阀板时，应检查各控制阀阀芯是否能在阀孔中活动。如果卡滞，查明原因重新安装。

（4）不要在阀板及控制阀的任何零件上使用密封胶或黏合剂。

（5）在分开上、下阀板时，要将隔板连同阀板一同拿起。

（6）拆下的各个控制阀零件要按顺序排放，以便重装。

3. 阀板零件的检修

（1）将上、下隔板和所有控制阀的零件用清洁的汽油或煤油清洗干净。

（2）检查控制阀阀芯表面，如有轻微刮伤痕迹，可用金相砂纸抛光。

（3）如控制阀卡死在阀孔中，应更换阀板总成。

（4）更换隔板上的纸质衬垫和所有橡胶阀球。

相关技能

1. 实训内容

油泵的检查。

2. 准备工作

（1）自动变速器1台，常用拆装工具、塞尺、直尺或刀口尺各1套。

（2）准备相关车型维修手册。

3. 注意事项

分解油泵时应注意不要损伤油泵前端盖，不可用冲子在油泵齿轮和油泵壳上标注记号。在拆卸油泵小齿轮和内齿轮时应标注记号，装配时也应按记号装配。油泵盖紧固螺栓拧紧力矩为 10 N·m。

4. 操作步骤

用塞尺分别测量油泵内齿轮外圆与油泵壳体之间的间隙、小齿轮及内齿轮的齿顶与月牙板之间的间隙、小齿轮及内齿轮端面与泵壳平面的端隙，将测量数据填入表 2-10 中。

表 2-10 油泵测量数据　　　　　　　　　　　　　　　　　　　　　　　mm

测量部位	标准间隙	最大间隙
内齿轮与壳体间隙		
齿顶与月牙板的间隙		
内轮端隙		
结论		

5. 技能总结

项目二 电控自动变速器的检修

任务五　电控系统的检修

任务目标

完成本学习任务后，学生在基础知识和基本技能方面应达到以下要求。

知识目标

（1）掌握各传感器的功能。

（2）掌握各换挡电磁阀的结构和工作原理。

（3）熟悉电控系统的基本组成。

能力目标

（1）会正确检修自动变速器各电磁阀的故障。

（2）会对自动变速器故障进行分析并排除故障。

任务引入

当自动变速器电控系统出现故障时，自诊断系统会通过超速挡指示灯或换挡模式指示灯的闪烁来提醒驾驶员，并储存相应的故障码。在检修自动变速器电控系统时，可从ECU中取出故障码，并按故障码所示检修故障部位。

相关知识

一、电控系统的基本组成

自动变速器的电控系统包括传感器、电控单元（ECU）和执行器，其组成框图如图2-70所示。

传感器部分主要包括节气门位置传感器、车速传感器、发动机转速传感器、输入轴转速传感器、冷却液温度传感器、变速器油温传感器、空挡起动开关、强制降挡开关、制动灯开关、模式选择开关、超速挡开关等。

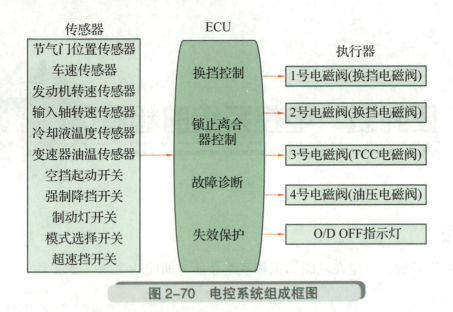

图 2-70 电控系统组成框图

执行器部分主要包括各种电磁阀和故障指示灯等。

ECU 主要完成换挡控制（包括换挡时刻和换挡品质）、锁止离合器控制、油压控制、失效保护、故障诊断等功能。

二、传感器

1. 节气门位置传感器

节气门位置传感器一般安装在节气门体上，随着节气门开度的变化带动节气门轴，传感器内的电刷滑动或导向凸轮随之转动，将节气门角度信号转换成电压信号送到ECU。

节气门位置传感器主要由一可变电阻式电位计和一对怠速触点构成，如图 2-71 所示。传感器有 2 个与节气门联动的可动电刷触点。一个触点可在电阻体上滑动，随着触点的滑动电阻会发生变化，输出电压也就会发生改变，由此输出电压便可测得节气门开度。传感器的 VC 端子上有来自 ECU 的 5 V 稳定电压，VTA 端子的电压作为反映节气门开度的信号电压输入 ECU，其电路原理如图 2-72 所示。另一个电刷触点在节气门全关闭时与怠速触点 IDL 接触。IDL 触点信号主要用于判断发动机是否在怠速工况，以及在行车过程中用于断油控制的点火提前角的修正。

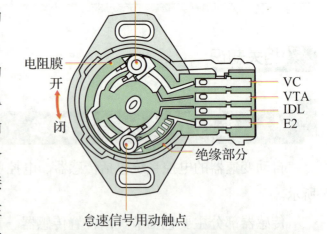

图 2-71 节气门位置传感器的结构

2. 车速传感器

车速传感器用于检测变速器输出轴的转速，作为车速信号输入 ECU、电子仪表及其他装置。

常见的车速传感器类型主要有：磁电脉冲式车速传感器、光电式车速传感器、磁阻元件式车速传感器和舌簧开关式车速传感器，这里仅介绍前 2 种。

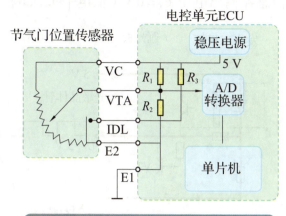

图 2-72 节气门位置传感器电路原理

1）磁电脉冲式车速传感器

在自动变速器上采用磁电脉冲式车速传感器作为车速传感器和变速器第一轴转速传感器，车速传感器通常安装在驱动桥壳或变速器壳内，如图 2-73 所示。磁电脉冲式车速传感器由信号转子、永久磁铁及信号线圈等构成。信号转子上带有凸轮，装在变速器的输出轴上，当信号转子随输出轴旋转时，信号转子与线圈铁芯之间的气隙周期性变化。因此信号线圈的磁通也发生变化，磁通的变化可使信号线圈产生感应电压向外输出，通过计算感应电压的变化周期即可知道车辆的速度。

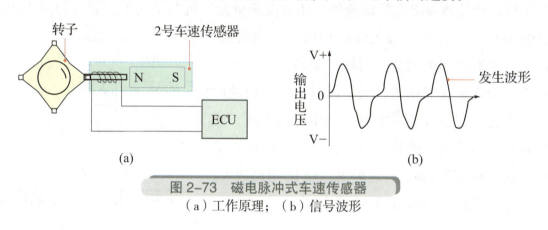

图 2-73 磁电脉冲式车速传感器
（a）工作原理；（b）信号波形

2）光电式车速传感器

光电式车速传感器上有发光二极管、光敏元件及转速表齿轮软轴驱动的遮光板，如图 2-74 所示。光电式车速传感器通常装在组合仪表内。

当遮光板遮住发光二极管发出的光时，光不能照射到光敏晶体管上，光敏晶体管处于截止状态。这时晶体管 VT 也是截止的，传感器输出电压 $U_0 = 5\,V$（高电平），如图 2-75（a）所示。当遮光盘不遮发光二极管发出的光时，光照到光敏晶体管上，光敏晶体管处于导通状态。此时晶体管 VT 基极有电流经过，VT 导通，

图 2-74 光电式车速传感器的结构

传感器输出电压 $U_0 = 0$ V（低电平），如图 2-75（b）所示。

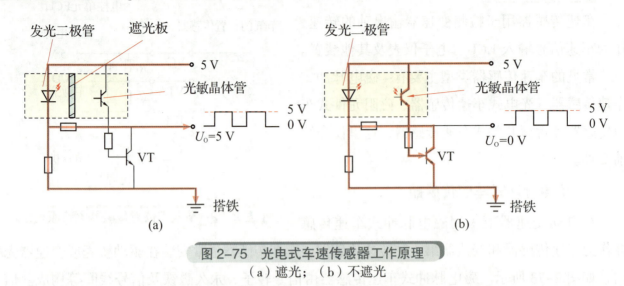

图 2-75 光电式车速传感器工作原理
（a）遮光；（b）不遮光

在遮光板上有 20 个切槽，因此遮光盘每转 1 周传感器就会向外输出 20 个脉冲。

3. 发动机转速传感器

发动机转速传感器除测量转速外，还可以测量发动机曲轴角度位置，如图 2-76 所示。转速传感器由信号转子、永久磁铁和信号线圈组成，信号转子上带有凸起或凹槽，当转子旋转时，它与线圈铁芯之间的气隙是变化的。于是通过信号线圈的磁通也发生变化，在信号线圈的两端产生感应电压，感应电压的频率与发动机的转速成正比。如果将此感应交流电压作为输入信号输至转速表内，经 IC 电路放大、整形后可使转速表指示发动机转速。

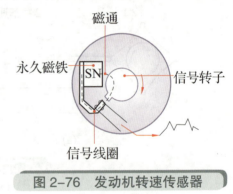

图 2-76 发动机转速传感器

4. 输入轴转速传感器

输入轴转速传感器与车速传感器类似，也是种电磁感应式转速传感器。

输入轴转速传感器安装在行星齿轮机构输入轴（液力变矩器涡轮输出轴）附近或与输出轴连接的离合器毂附近的壳体上，用于检测输入轴转速，并将信号送入自动变速器 ECU，便于更精确地控制换挡过程。它还作为变矩器涡轮的转速信号，与发动机转速即变矩器泵轮转速信号进行比较，计算出变矩器的传动比，以优化锁止离合器的控制过程，减小换挡冲击，改善汽车的行驶平顺性。

5. 冷却液温度传感器

冷却液温度传感器的外壳以螺纹旋入发动机冷却系统，通常是位于冷却系统中靠近节温器的地方。该传感器是一电阻值随发动机冷却液温度的变化而变化的热敏电阻。

发动机工作时,自动变速器电脑为发动机冷却液温度传感器提供一5 V左右的参考电压。如果冷却液温度低,则传感器的电阻值高;冷却液温度正常,传感器的电阻值又会变低。传感器电阻值的变化使参考电压值有所下降,但总是以低于5 V参考电压的返回电压作为传感器信号传至发动机ECU。通过比较返回的信号电压与参考电压的差值,发动机ECU便可知发动机工作状态下的冷却液温度。

6. 变速器油温度传感器

变速器油温度传感器安装在自动变速器油底壳内的液压阀阀体上,用于连续监控自动变速器油的温度。它是自动变速器ECU进行换挡控制、油压控制、锁止离合器控制的依据。

在汽车起步或低速大负荷行驶时,液力变矩器传动比小,效率低,发热严重,造成油温高,因而在超过某一温度界限时,变速器要在较高的发动机转速状况下才开始换挡。随着汽车车速的提高,变矩器的传动比增大,发热减小,油温下降,自动变速器又开始执行正常的换挡行驶程序。

变速器油温度传感器内部结构为热敏电阻,热敏电阻是利用阻值随温度变化而变化的特性检测油温,通常为具有负温度系数的热敏电阻,即温度越高,电阻值越小。自动变速器ECU根据其电阻值的变化计算出自动变速器油的温度。

7. 模式选择开关

模式选择开关又称程序开关,用于选择自动变速器的控制模式,即选择自动变速器的换挡规律,以满足不同的使用要求。自动变速器的换挡模式一般有经济模式、动力模式、普通模式、手动模式等。

1)经济模式

经济模式以汽车获得最佳燃油经济性为目标设计换挡规律。当自动变速器在该模式下工作时,其换挡规律使汽车在行驶过程中,发动机经常在经济转速范围内运转,降低了燃油消耗。发动机转速相对较低时会换入高挡,即提前升挡,延迟降挡。

2)动力模式

动力模式以汽车获得最大动力性为目标设计换挡规律。当自动变速器在该模式下工作时,其换挡规律使汽车在行驶过程中,发动机经常在大转矩、大功率范围内运行,提高了汽车的动力性能和爬坡能力。只有发动机转速较高时,才能换入高挡,即延迟升挡,提前降挡。

3)普通模式

普通模式的换挡规律介于经济模式与动力模式之间,它使汽车既保证了一定的动力性,又有较好的燃油经济性。

4）手动模式

手动模式让驾驶人可在1挡至4挡之间以手动方式选择合适的挡位，使汽车像手动变速器一样行驶，而又不必像手动变速器那样换挡时必须踩离合器踏板。

8. 空挡起动开关

空挡起动开关的作用是给自动变速器ECU提供挡位信息和保证只有变速杆置于P位或N位才能起动发动机。

如图2-77所示，当变速杆置于不同的挡位时，仪表盘上相应的挡位指示灯会点亮。当ECU的端子N、2或L与端子E接通时，ECU便分别确定变速器位于N、2或L位；否则，ECU便确定变速杆位于D位。只有当变速杆置于P位或N位时，端子B与NB接通，才能给起动机通电，使发动机起动。

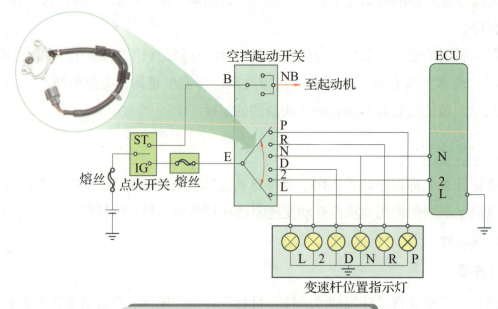

图2-77 空挡起动开关线路

9. 强制降挡开关

强制降挡开关的主要作用是检测油门踏板是否超过节气门全开位置。

过去强制降挡开关一直被安装在油门踏板的下方，只有当节气门开度达到90%时，由节气门拉索机械控制降挡阀阀体，控制换挡油路导通，即从4挡降为3挡，或者从3挡降为2挡，或者从2挡降为1挡，只能一级一级地往下降。

现在的车型中，因为多使用电子节气门，油门踏板采用传感器形式，变速器设计得更加完善，在踩油门的时候，ECU会根据当时的节气门开度、车速、发动机转速等数据，通过控制电磁阀来控制变速箱的跳挡，可以跳低1个挡，也可以跳低2个挡。

10. 制动灯开关

制动灯开关线路如图 2-78 所示，制动灯开关安装在制动踏板支架上，踩下制动踏板时开关接通，通知 ECU 已经制动，松开变矩器锁止离合器，同时点亮制动灯。还可以防止当驱动轮制动抱死时，发动机突然熄火。

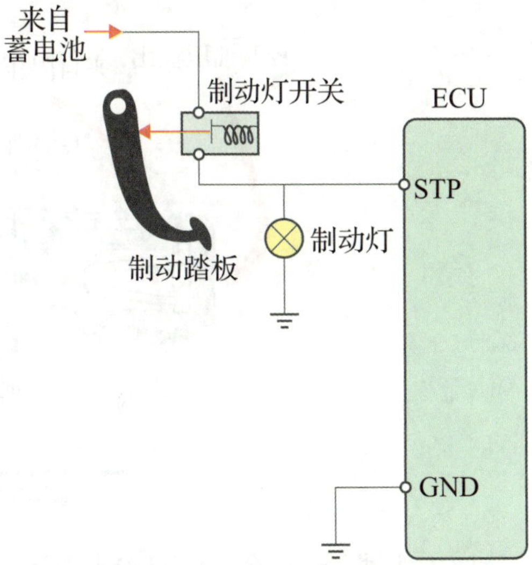

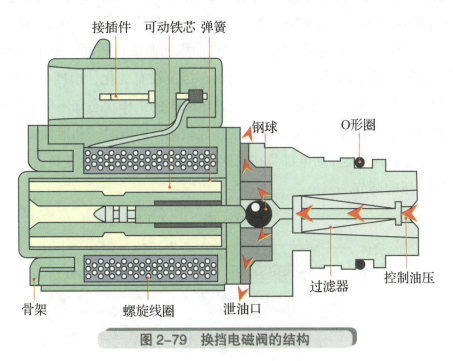

图 2-78 制动灯开关线路

三、执行器

1. 换挡电磁阀

如图 2-79 所示，换挡电磁阀采用球阀结构。当螺旋线圈通电时，电流产生磁力场，强制中央的柱塞克服弹簧力向右移动，迫使钢球位于阀座上，使阀门关闭，这样控制口油压和回油隔离。当电磁阀断电时，弹簧力强制中央的柱塞回到左侧的位置，钢球脱离阀座，控制口油压和回油口相通，控制口处于卸压状态。通过二位二通电磁阀的通/断电的变化，就能实现换挡阀位置变化，从而实现挡位的升降。目前大部分的电控变速器的换挡电磁阀都采用这种结构。

图 2-79 换挡电磁阀的结构

2. 压力控制电磁阀

压力控制电磁阀是精确的电子压力调节器，其结构如图 2-80 所示。它根据流经螺旋线圈的电流大小控制变速器的主回路油压。当电流增大时，由线圈产生的磁力场推动柱塞克服弹簧力进一步离开泄油口。通过增大电流，增大泄油口的开度，减小调节后的输出油压。

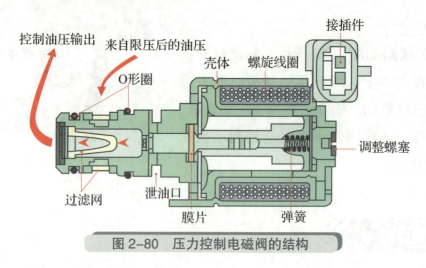

图 2-80 压力控制电磁阀的结构

ECU 根据各种输入信号控制压力控制电磁阀，这些信号包括节气门开度、油液温度、进气歧管绝对压力传感器和挡位状态。压力控制电磁阀调节主回路实际是通过改变线圈的电流使得电磁力发生变化，当电流大时，电磁力增大，泄油口开度增大，结果被调制的油压减低；调制油压和电流成反比。

3. 变矩器锁止离合器占空比电磁阀

图 2-81 为变矩器锁止离合器占空比电磁阀的结构，其工作原理和换挡电磁阀类似，都属于二位二通电磁阀。但它们之间的区别是：换挡电磁阀是常开的二位二通阀，而该电磁阀是常闭的二位二通阀，即电磁阀通电时，控制口油压和泄油口相通，处于卸压状态。另外，换挡电磁阀的通/断电的作用时间较长，只要汽车挡位没有变化，换挡电磁阀的通/断电状态同样没有变化。但是变矩器锁止离合器占空比电磁阀的工作状态却不同，它接收的是周期变化的信号。断电时，和泄油口隔离，控制油压比较高；通电时，和泄油口相通，控制油压又迅速下降。由于电磁阀的通/断电都是在瞬间完成的，因此通过改变负占空比的不同比率，实现控制口不同油压的调节。

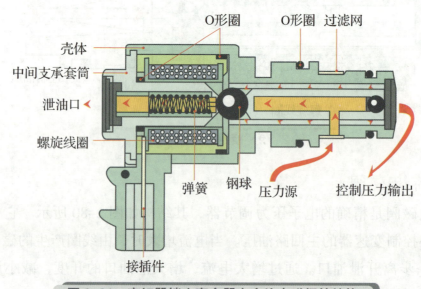

图 2-81 变矩器锁止离合器占空比电磁阀的结构

四、电控单元

1. 控制换挡时刻

换挡控制即控制自动变速器的换挡时刻,也就是在汽车达到某一车速时,让自动变速器升挡或降挡。自动变速器 ECU 可以让自动变速器在汽车的任何行驶条件下都按最佳换挡时刻进行换挡,从而使汽车的动力性、经济性等指标达到最佳。

汽车自动变速器的换挡杆或模式开关处于不同位置时,对汽车的使用要求不同,换挡规律也不同,通常电脑将汽车在不同使用要求下的最佳换挡规律以自动换挡图的形式存储在存储器中。

自动换挡控制原理框图如图 2-82 所示。

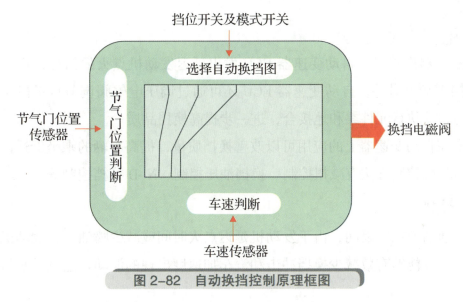

图 2-82 自动换挡控制原理框图

自动换挡控制工作过程:汽车在行驶时,电脑根据模式开关和操纵手柄的信号从存储器中选出相应的自动换挡图,再将从车速传感器、节气门位置传感器测得的车速、节气门开度等信号与所选的自动换挡图进行比较。如在一定节气门开度下行驶的汽车达到设定的换挡车速时,电脑便向换挡电磁阀发出电信号,由电磁阀的动作决定压力油通往各操纵元件的流向,以实现挡位的自动变换。

在汽车行驶过程中,ECU 随时接收的信息包括:挡位开关提供的选挡操纵手柄的位置(D、2 或 L 位)信号,驱动模式选择开关提供的驾驶员选择的换挡规律(NORM、PWR 或 ECON)信号,节气门位置传感器提供的发动机节气门开度(即发动机负荷)信号,No.1、No.2 车速传感器提供的汽车行驶速度信号。除此之外,还要接收发动机 ECU 和巡航控制 ECU 输送的解除超速行驶信号。换挡时机控制过程框图如图 2-83 所示。

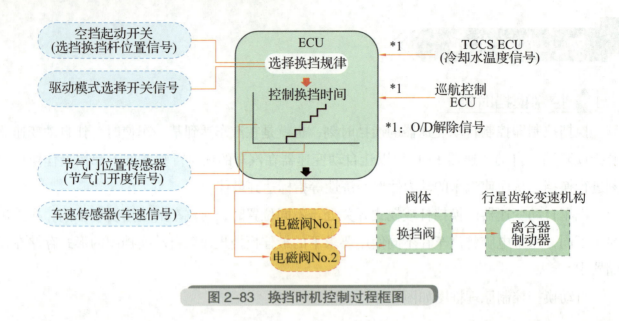

图 2-83 换挡时机控制过程框图

2. 控制换挡品质

在自动变速器换挡时,自动变速器 ECU 发出延迟发动机点火的信号,通过控制发动机转矩保证换挡平顺。另外,自动变速器 ECU 还可通过调压电磁阀调节行星齿轮系统执行机构的工作压力,使执行元件柔和地接合,进一步提高换挡品质。

电控技术在自动变速器上的应用可以改善换挡质量,提高车辆的乘坐舒适性。目前常见的改善换挡质量的控制方法有减扭控制、换挡油压控制、N-D 换挡控制等。

1)减扭控制

在自动变速器换挡的瞬间,由于发动机延迟点火时间或减少喷油量,发动机的输出扭矩会暂时减少,这样能够有效减少换挡冲击和汽车加速度出现的波动,这就是减扭控制或减扭矩控制。

减扭控制过程是:在自动变速器升挡或降挡的瞬间,挡位开关向自动变速器 ECU 发送换挡信号,自动变速器 ECU 再通过总线向发动机 ECU 提供换挡信号,发动机 ECU 接收到这一信号后立即对火花塞或喷油器进行控制,延迟点火时间或减少喷油量。

2)换挡油压控制

为了减小换挡冲击、达到改善换挡品质的目的,在升挡或降挡的瞬间 ECU 控制油路压力阀适当降低主油路油压。还有一些自动变速器电控系统在换挡时 ECU 控制电磁阀减小减振器活塞的背压,以减缓离合器或制动器液压缸内油压的升高速度,达到减小换挡冲击的目的。

3)N-D 换挡控制

N-D 换挡控制是在选挡杆从 N 挡或 P 挡位置换入 D 挡或 R 挡位置,或相反地从 D 挡或 R 挡换入 N 挡或 P 挡时应用。它是通过调整发动机的喷油量,将发动机的转速变化减至最小程度，以改善换挡质量。如果没有这一种控制，当自动变速器选挡杆由 N 挡或 P 挡进入 D 挡或 R 挡时，发动机负荷增加，转速随之下降；反之，由 D 挡或 R 挡进入 N 挡或 P 挡时，发动机负荷减小，转速也将上升。具有 N-D 换挡控制功能的自动变速器在进行这种操作时，如果输入轴传感器所测得的转速变化超过规定值，自动变速器 ECU 发送 N-D 换挡控制信号给发动机 ECU，发动机 ECU 根据此信号控制喷油器喷油量（增加或减小），以防止发动机转速变化过大。

3. 控制主油路油压

电控式自动变速器的电液式控制系统以一油压电磁阀产生节气门油压。油压电磁阀是脉冲式电磁阀，ECU 根据节气门位置传感器测定的节气门开度，控制发往油压电磁阀的脉冲信号的占空比，使主油路油压随节气门开度而变化。节气门开度越大，脉冲电信号的占空比越小，油压电磁阀排油孔开度越小，节气门油压也就越大。节气门控制油压被作为控制油压反馈到主油路调压阀，使主油路调压阀随着节气门开度的变化调节主油路油压的高低，以获得不同发动机负荷下主油路压力的最佳值，并将驱动液压泵的动力减小到最小。

4. 控制锁止离合器

自动变速器在各种工作条件下的最佳锁止离合器控制程序被事先储存在 ECU 的存储器内，ECU 根据自动变速器的挡位、选取的控制模式等工作条件，从存储器内选择出相应的锁止控制程序，再将车速、节气门开度与锁止控制程序进行比较。当满足锁止条件时，ECU 即向锁止电磁阀发出电信号，使锁止离合器接合，液力变矩器按机械传动工况工作。在以下几种情况下可强制解除锁止：当汽车采取制动或节气门全闭时，为防止发动机失速，ECU 切断通向锁止电磁阀的电路强行解除锁止；在自动变速器升降挡过程中，ECU 暂时解除锁止，以减小换挡冲击；如果发动机冷却液的温度低于 60 ℃，锁止离合器应处于分离状态，加速预热，提高总体驾驶性能。

5. 失效保护

电控自动变速器的失效保护就是当变速器电控系统出现故障时，变速器仍然能够维持其基本工作。通常在自动变速器电控系统失效或部分失效的情况下，ECU 将发送下列工作指令。

1）提供最大的主回路油压

在电控自动变速器中主回路的设定油压由两部分组成：一是通过调压阀设置的额定油压，二是通过压力控制电磁阀根据发动机负荷信号附加的偏置油压。如果 ECU 处于失电状态，则压力控制电磁阀无法接受 ECU 的输出信号。在这种情况下，压力控制电磁阀的输入电流为 0，而要求压力控制电磁阀有最大的调节油压输出。如果液压系统能够提供最大的主回路油压，则可以防止变速执行元件多片离合器和制动带在大负荷情况下打滑。

2）传感器出现故障

（1）节气门位置传感器出现故障时，ECU根据怠速开关的状态进行控制。

当怠速开关断开时（加速踏板被踩下），按节气门开度为1/2进行控制，同时节气门油压为最大值；当怠速开关接通时（加速踏板完全放松），按节气门处于全闭状态进行控制，同时节气门油压为最小值。

（2）车速传感器出现故障时，ECU不能进行自动换挡控制，此时自动变速器的挡位由变速杆的位置决定。

（3）输入轴转速传感器出现故障时，ECU停止减转矩控制，换挡冲击有所增大。

（4）油温传感器出现故障时，ECU按液压油温度为80℃的设定进行控制。

3）执行器出现故障

当换挡电磁阀出现故障时，不同的ECU有2种不同的失效保护功能：一是不论有几个换挡电磁阀出现故障，ECU都将停止所有换挡电磁阀的工作，此时自动变速器的挡位将完全由变速杆的位置决定，在D位和S（或2）位时被固定为3挡，在L（或1）位时被固定为2挡；另一种是几个换挡电磁阀中有1个出现故障时，ECU控制其他无故障的电磁阀工作，以保证自动变速器仍能自动升挡或降挡，但会失去某些挡位，而且升挡或降挡规律有所变化，例如，可以直接由1挡升到3挡或超速挡。

当油压电磁阀出现故障时，ECU停止锁止离合器控制，使油路压力保持最大，以便汽车还能行驶一段距离。

6. 故障自诊断

自动变速器电控系统中如果电控装置中的某传感器出现故障，不能向控制电脑传送信号，或某个执行器损坏，无法完成自动变速器ECU的控制命令，这样便会直接影响ECU对自动变速器的控制，变速器不能正常工作。为了能够及时发现系统故障，所以在系统内设有专门的子系统——故障自诊断系统。在汽车行驶过程中，故障自诊断系统会不停地监测自动变速器电控系统中所有传感器和执行器的工作情况。一般情况下，故障自诊断系统一旦发现某个传感器或执行器有故障或工作异常，仪表盘上的自动变速器故障警告灯会亮起，以提醒驾驶员及时将汽车送至修理厂维修。

故障自诊断系统将检测到的故障内容以故障代码的形式存储在自动变速器ECU的RAM中，只要不中断自动变速器ECU的电源，RAM中的故障代码就不会消失，即使是汽车行驶中偶尔出现一次故障，故障自诊断系统也会及时地检测到，并保存下来。在修理时，维修人员可以读取存储在自动变速器ECU内的故障码，方便故障的快速诊断与排除。

五、电控系统检修

电控自动变速器的故障检修较为复杂,许多故障现象都包含有机械系统、液压系统和电控系统故障的可能性,但各个系统故障出现的概率和检修的难易度是不同的。

为准确、迅速地排除故障,应按如下程序检修故障。

根据驾驶员所述进行故障确认操作,因为驾驶员对故障的了解和描述可能并不完全,检修人员只有通过自己对自动变速器的操作才能确认故障的征兆是什么。

根据故障征兆对自动变速器进行直观检查,如果有问题,则进行修理或调整。

进行故障自诊断操作,读取故障码。如果有故障码,按故障码所示检查故障部位;如果无故障码,则进行下一步故障诊断。

根据故障现象,有选择地进行自动变速器试验操作,确定故障的性质和范围。

根据试验结果,检修自动变速器。

进行自动变速器道路试验操作,以检验其是否恢复正常。

1. 电控自动变速器故障自诊断

当自动变速器电控系统出现故障时,自诊断系统会通过超速挡指示灯或换挡模式指示灯等的闪烁来提醒驾驶员,并储存相应的故障码。在检修自动变速器电控系统时,可从ECU中取出故障码,并按故障码所示检修故障部位。

2. 电控自动变速器的故障分析

根据故障现象进行故障分析,可以全面了解电控系统、机械装置和液压系统的可能故障原因,以便选择正确的检修方法,迅速、准确地排除故障。

3. 挡位开关的检查

挡位开关的可能故障有:安装位置不当而使挡位开关信号不正确、挡位开关内部触点接触不良。挡位开关一般的故障检查方法如下:用举升机举起汽车后,拔开挡位开关线束插接器,检测各挡位下各插脚之间的通断情况(可参考图2-84和表2-11所示测量。注意实际测量以变速器型号为主)。如果与正常情况不符,应调整或更换挡位开关。

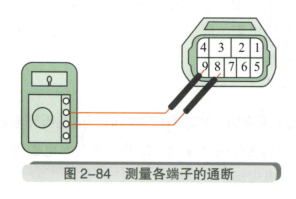

图2-84 测量各端子的通断

表 2-11 自动变速器挡位开关各端子的通断参考表（通路：o-o）

换挡位置\端子	3	2	9	1	4	6	5	7	8
P	o	o	o	o					
R			o		o				
N	o	o	o			o			
D			o				o		
2			o					o	
L			o						o

4. 开关式电磁阀的检查

开关式换挡电磁阀、锁止电磁阀可能的故障有：电磁阀线圈断路或短路；电磁阀阀芯卡滞或漏气等。

1）检测电磁阀电阻

脱开电磁阀线束插接器后，用万用表欧姆挡测量电磁阀插脚之间的电阻，自动变速器开关式电磁阀的线圈电阻一般为 10~30 Ω。如果测量的电阻值过大或过小，说明电磁阀线圈有断路或短路，需更换电磁阀。

2）检测电磁阀的动作

如果电磁阀电阻正常，对电磁阀线圈施加 12 V 电压，听是否有电磁阀动作的"咔哒"声。如果无声，说明电磁阀阀芯有卡滞，应更换电磁阀。

3）检查电磁阀的开闭情况

拆下电磁阀，将压缩空气吹入电磁阀进油口，电磁阀线圈通电和不通电，检验其开闭是否良好。如果电磁阀不通电时不通气，则通电时就应通气，如果不是这样，说明电磁阀已损坏，应更换。

5. 脉冲工作方式电磁阀的检查

1）检测电磁阀电阻

脱开电磁阀线束插接器后，用万用表欧姆挡测量电磁阀插脚与搭铁之间的电阻。自动变速器线性脉冲式电磁阀的线圈电阻一般为 3~5 Ω。如果测量的电阻值过大或过小，说明电磁阀线圈有断路或短路，应更换电磁阀。

2）检测电磁阀的动作

拆下电磁阀，对电磁阀线圈施加 4 V 左右的电压时，应能听到电磁阀动作的响声；对于滑阀式电磁阀，应能看到电磁阀阀芯向外移动，断开电源时，电磁阀阀芯应会退回。否则说明电磁阀阀芯有卡滞，应更换电磁阀。

任务六 电控自动变速器性能检验与检修

任务目标

完成本学习任务后,学生在基础知识和基本技能方面应达到以下要求。

知识目标

(1) 掌握手动换挡试验的操作步骤。
(2) 掌握电控自动变速器中基础检验内容。
(3) 熟悉电控自动变速器机械试验中的内容。

能力目标

(1) 能够正确判断自动变速器油的品质。
(2) 会检查自动变速器油面的高度。

任务引入

电控自动变速器的性能检测是判断电控自动变速器故障的基础。电控自动变速器的故障往往可以通过相应的性能检测判断出故障类型和故障所在部位。检测内容可分为基础检验、手动换挡试验和机械试验。电控自动变速器性能检测的目的是发现故障的部位,以确定维修方案。

相关知识

一、电控自动变速器的基础检验

自动变速器的油位不当、油质不佳、联动机构调节不当及发动机怠速不正常,是引起自动变速器故障的最常见原因。通常把对这些部件的检查与重新调整,称为自动变速器的基础检验。无论具体故障是什么,这种基础检验是首要进行的。电控自动变速器基础检验的目的是检验自动变速器是否具备正常工作的能力。

基础检验中的检查和调整项目包括：油面检查、油质检查、液压控制系统漏油检查、节气门拉索检查和调整、换挡操纵手柄位置检查和调整、空挡起动开关检查、超速挡（O/D）开关检查、发动机怠速检查等。基础检验的前提条件是发动机工作正常、底盘性能良好，特别是汽车制动系统正常。

1. 自动变速器油面高度检查

在进行任何自动变速器检测或故障诊断前，要首先进行油面高度检查。其方法如下。

（1）将汽车停放在水平地面上，并拉紧驻车制动，让发动机怠速运转至少 2~3 min。

（2）踩住制动踏板，将换挡操纵手柄拨至倒挡（R位）、前进挡（D位）、前进低挡（S、L或2、1位）等位置，并在每个挡位上停留数秒，使液力变矩器和所有换挡执行元件中都充满自动变速器油。最后将操纵手柄拨至停车挡（P位）位置。

（3）从加油管内拔出油尺，擦净后插入加油管内再拔出，检查油尺上的油面高度。

如果自动变速器处于冷态（油温低于 25 ℃），油面高度应在油尺刻线的下限附近；如果自动变速器处于热态（油温在 80 ℃左右），油面高度应在油尺刻线的上限附近。

若油面过低，应向加油管中补充自动变速器油，直至油面高度符合标准为止。继续运转发动机，检查自动变速器油底壳、油管接头等处有无漏油。如有漏油，应立即予以修复。

2. 自动变速器油品质检查

自动变速器油的状态是自动变速器工作状态的集中反映，故应经常观察自动变速器油的颜色和气味的变化，并据此判断自动变速器油品质好坏和能否继续使用。在检查自动变速器油时，从油尺上嗅一嗅油液的气味，用手指蘸少许油液并在手指间互相摩擦看是否有渣粒。

自动变速器油的状态与常见故障原因如下。

1）油标尺上黏附胶质油膏

出现这种现象的主要原因是油的温度过高。如果油的温度过高状况长期得不到解决，就会使油质进一步恶化，形成胶质油膏，当拔下油标尺时，在油标尺上面就会出现胶质油膏。引起此现象的另一个原因是自动变速器油质量太差。自动变速器工作条件复杂，劣质油在高负荷、高温的影响下，极容易变质，产生胶质油膏。

2）油液变为暗红色且有烧焦气味

出现这种现象的主要原因是：自动变速箱油使用时间过长（一般情况下变速器油应该定期更换，如果长时间不更换，油液就会变质，同时离合器、制动器的摩擦片或制动带摩擦下来的磨料，会使油液颜色变为暗红色，并有摩擦形成的磨料烧焦气味）；离合器或制动器存在轻微打滑现象；制动带调整过紧；自动变速器长期在重负荷工作，离合器、制动器的摩擦片负荷过大，出现过度磨损。

3）油液特别容易变质

此现象主要是变速器油的温度过高引起的。引起变速器油的温度过高原因有：液力变矩器打滑；自动变速器的离合器、制动器的摩擦片或制动带打滑；自动变速器油散热器堵塞；自动变速器循环油管堵塞；自动变速器内装备间隙过小，引起部件过热，从而引起变速器油温度高。

4）油中有摩擦片的剥落物

出现这种现象的主要原因是：摩擦片质量太差或新更换摩擦片在油中浸泡时间过短，造成离合器摩擦片成块剥落。更换新摩擦片时，一定要把新摩擦片在变速器油中浸泡2~3 h后再装配。

5）油中有纤维丝状物

出现这种现象的原因是：在装配自动变速器的过程中，使用了易脱落丝毛的纤维物擦拭自动变速器内的零部件，造成丝状物脱落与工作液相混合。这些纤维丝状物对变速器影响极大，易堵塞油道和滤网。

3. 液压控制系统漏油检查

液压控制系统的各连接处都有油封和密封垫，这些部位是经常发生漏油的地方。液压控制系统漏油会引起油路压力下降及油位下降。

4. 节气门拉索的检查与调整

节气门开度影响着自动变速器的换挡时间，发动机熄火后，节气门应全闭；当加速踏板踩到底时，节气门应全开。节气门拉索的索芯不应松弛，索套端和索芯上限位杆之间的距离应在0~1 mm之间。检查与调整方法如下。

（1）推动加速踏板连杆，检查节气门是否全开，如果节气门不能全开，则应该调整加速踏板连杆。

（2）将加速踏板踩到底，将调整螺母拧松。

（3）调整节气门拉索，拧动调整螺母，使索套端和索芯上限位杆之间的距离为0~1 mm。

（4）拧紧调整螺母，重新检查调整情况。

5. 空挡起动开关的检查

发动机应只能在空挡（N位）和停车挡（P位）时起动，其他挡位时不能起动。若有异常，应调节空挡起动开关螺栓和开关电路。其方法如下：

（1）松开空挡起动开关螺栓，将换挡操纵手柄放到N位置；

（2）将槽口对准空挡基准线，定住位置并拧紧空挡起动开关螺栓。

6. 发动机怠速检查

发动机怠速不正常，特别是怠速过高，会使自动变速器工作不正常，出现换挡冲击等现象。检查发动机怠速时应将自动变速器换挡操纵手柄置于停车挡（P位）或空挡（N位）位置。通常装有电控自动变速器的汽车发动机怠速为750 r/min，怠速过高或过低均应调整。

7. 超速挡（O/D）控制开关的检查

电控自动变速器的微机控制系统具有故障自诊断功能，它可以通过超速挡指示灯"O/D OFF"予以警告。此项检查，必须在蓄电池电压正常时方可进行，否则将会引起故障自诊断系统误诊断。

检查时，首先将点火开关置于"ON"位置，同时接通超速挡（O/D）主开关，仪表板上的超速挡指示灯"O/D OFF"应熄灭。若超速挡指示灯"O/D OFF"闪烁，则表明控制系统有故障。此时，可根据维修手册中给出的方法读取故障代码，并根据该车型的故障代码表查出故障原因。

二、电控自动变速器的手动换挡试验和检查

手动换挡试验是将电控自动变速器所有换挡电磁阀的线束插头全部脱开，然后进行换挡试验。如果手动换挡试验正常，说明是机械、液压系统故障，否则说明是电控系统故障。

手动换挡试验的步骤如下。

（1）脱开电控自动变速器的所有换挡电磁阀线束插头。

（2）起动发动机，将换挡操纵手柄拨至不同位置，然后做道路试验（也可以将驱动轮悬空进行台架试验）。

（3）观察发动机转速和车速的对应关系，以判断自动变速器所处的挡位。

（4）若换挡操纵手柄位在不同位置时自动变速器所处的挡位与规定挡位相同，则说明电控自动变速器的阀板及换挡执行元件基本上工作正常。否则说明阀板或换挡执行元件有故障。

（5）试验结束后，接上所有换挡电磁阀的线束插头。清除ECU中的故障代码，防止因脱开换挡电磁阀线束插头而产生的故障代码储存在ECU中影响故障自诊断系统的工作。

三、电控自动变速器的机械试验和检查

电控自动变速器的机械试验内容包括道路试验、失速试验、时滞试验、液压试验等。

机械试验是在进行基础检验、手动换挡试验后确认是机械系统和液压控制系统故障后进

行的试验，目的是区分故障是机械系统引起的，还是液压系统引起的，并同时诊断出故障的具体部位。

1. 道路试验

道路试验是分析、诊断自动变速器故障的最有效的手段之一。此外，自动变速器在修复之后也应进行道路试验，以检查其工作性能，检验修理质量。

在道路试验之前，应先让汽车以中低速行驶 5~10 min，使发动机和自动变速器都达到正常工作温度。在试验中，通常应将超速挡开关置于"ON"位置（即超速指示灯熄灭），并将模式开关置于普通模式或经济模式的位置。

自动变速器的道路试验主要包括升挡试验、锁止离合器试验、发动机制动试验、强制降挡试验等。

2. 失速试验

所谓失速是指变速器操纵手柄在前进挡或倒挡位置，踩住制动踏板，然后完全踩下加速踏板。此时，变矩器涡轮静止不动，变矩器壳及泵轮随发动机一同转动，发动机处于最大转矩工况，在此工况下的发动机转速称为失速转速。

失速试验的目的是检查发动机、变矩器及自动变速器中有关换挡执行机构的工作状态。

由于在失速工况下，发动机的动力全部消耗在变矩器内液压油的摩擦损失上，油温急剧上升，因此，从加速踏板踩下到松开的时间不得超过 5 s，试验次数不多于 3 次。

3. 时滞试验

时滞试验的目的是测量自动变速器的换挡延迟时间，根据延迟时间的长短判断主油路油压及换挡执行机构的工作是否正常。

4. 液压试验

液压试验的目的是通过测量液压控制系统各油路的压力，判断液压控制系统及电控系统各零部件的功能是否正常，并作为变速器性能分析和故障判断的主要依据。

一般车型自动变速器液压试验包括主油路压力测试、各离合器和制动器的蓄压器油压测试、各挡离合器油压测试、速控阀油压测试和节气门油压的调整。

将测得的主油路油压与标准值进行比较。若主油路油压不正常，说明油泵或控制系统有故障。

在急速工况下，如果所有挡位的主油路油压均过低，说明油泵故障、节气门拉索或节气门开度传感器调整不当、节气门阀卡滞或主油路泄漏；如果前进挡和前进低挡的主油路油压均过低，说明前进挡离合器活塞漏油或前进挡油路泄漏；如果前进挡的主油路油压正常，前进低挡的主油路油压过低，说明 1 挡强制离合器或 2 挡强制离合器活塞漏油或前进低挡油路泄漏；如果前进挡主油路油压正常，低挡主油路油压过低，说明倒挡及高挡离合器活塞漏油或倒挡油路泄漏；如果所有挡位的主油路油压均过高，说明节气门拉索或节气门开度传感器调整不当、节气门阀卡滞、油压电磁阀损坏或线路故障。

在失速工况下，如果主油路油压稍低于标准油压，说明节气门拉索或节气门开度传感器调整不当、电磁阀损坏或线路故障；如果主油路油压明显低于标准油压，说明油泵故障或主油路泄漏。

思考与练习

一、填空题

1. 电控自动变速器主要由_____、_____、_____、_____和_____组成。
2. 液力变矩器主要由_____、_____、_____组成。
3. 行星齿轮机构一般由_____、_____、_____和_____组成。
4. 电控自动变速器中的电控系统主要由_____、_____、_____三部分组成。
5. 单排行星齿轮机构由_____、_____和_____组成。
6. 自动变速器道路试验内容主要有_____、_____及_____。
7. 电控自动变速器的升挡和降挡完全由_____和_____的大小来控制的。
8. 如果主油路油压低于标准油压，则说明_____。
9. 锁止离合器控制阀由_____和_____组成。
10. 电控液力自动变速器通过_____和_____监测汽车和发动机的运行状态。

二、判断题

1. 目前汽车电控自动变速器上大部分使用综合式液力变矩器。（　　）
2. 在液力变矩器中导轮一直是固定不动的。（　　）
3. 电控自动变速器中没有离合器。（　　）
4. 液力变矩器是靠液力传递力矩的。（　　）
5. 只有在换挡操纵手柄位于P挡或N挡时，安装有自动变速器的汽车才能起动。（　　）
6. 失速状态时，变矩器中的油温逐渐升高。（　　）
7. 打开超速挡开关，变速器只能升至最高挡。（　　）
8. 当汽车制动时，自动变速器的锁止电磁阀不工作。（　　）
9. 当自动变速器升挡时，ECU暂时解除锁止，以减小换挡冲击。（　　）

三、选择题

1. 在自动变速器中，用于换挡品质控制的装置有（　　）。
   A. 节流阀　　　　B. 换挡阀　　　　C. 手动阀　　　　D. 蓄能器

2. 关于自动变速器电磁阀，下列说法错误的是（　　）。
   A. 自动变速器上应用的电磁阀主要有2种，一种是开关时电磁阀，另一种是线性电磁阀
   B. 一般线性电磁阀的阻值高于开关式电磁阀
   C. 主油压电磁阀和锁止电磁阀通常采用线性电磁阀
   D. 换挡电磁阀或组合电磁阀一般采用开关电磁阀

3. 在失速试验中，换挡手柄应置于（　　）挡。
   A. P　　　　　　B. N　　　　　　C. D　　　　　　D. L

4. 在电控自动变速器中，控制换挡的车速信号来自（　　）。
   A. 车速信号　　　B. 发动机转速信号　C. 轮速信号　　　D. 调速阀

5. 调速阀的输出油压随着车速的增大而（　　）。
   A. 增大　　　　　B. 不变　　　　　C. 下降　　　　　D. 先增大后下降

6. 主回路油压是经（　　）调节后的油泵输出压力。
   A. 调速阀　　　　B. 调压阀　　　　C. 升压阀　　　　D. 节流阀

7. 当汽车处于（　　）状态时，变矩器具有最大的扭矩。
   A. 起步　　　　　B. 低速　　　　　C. 中速　　　　　D. 高速

四、问答题

1. 电控自动变速器是如何实现自动换挡控制的？
2. 液力变矩器在电控自动变速器中有何作用？
3. 单向离合器在电控自动变速器中有何作用？
4. 液力变矩器的失速特性是什么？
5. 时滞试验的目的是什么？
6. 自动变速器主油路调压阀的作用是什么？

项目三

电控防抱死制动系统的检修

> **项目描述**
>
> 汽车电控防抱死系统简称"ABS"，它是由汽车微电脑控制，当汽车制动时，它能使车轮保持转动，从而帮助驾驶员控制车辆达到安全停车。
>
> 随着汽车工业的不断发展，人们越来越重视汽车的安全性问题。汽车防抱死系统作为主动安全装置，能够在汽车制动时自动调节车轮制动力，防止车轮抱死，保证车辆的侧向稳定性和操纵性，同时缩短制动距离以取得最佳的制动效果。

任务一　ABS 结构与工作原理认知

任务目标

完成本学习任务后，学生在基础知识和基本技能方面应达到以下要求。

知识目标

（1）了解 ABS 的作用。

（2）掌握 ABS 主要部件的结构及工作原理。

（3）掌握 ABS 的基本组成部分。

能力目标

（1）能够分析不同液压调节装置的工作过程。

（2）能理解 ABS 电控单元的控制过程。

任务引入

汽车电控防抱死制动系统是具有防滑、防锁死等优点的汽车安全控制系统，它是现代制动系统的关键部件之一。此系统具有普通制动系统的制动功能，又能防止车轮抱死，使汽车在制动状态下仍然能转向，保证汽车的制动方向稳定，防止产生侧滑和跑偏。本任务主要讲解 ABS 的结构和工作原理，为后续检修提供基础。

相关知识

一、ABS 的作用

评价车辆制动性能的主要指标是制动距离和制动减速度。以提高汽车行驶安全性能而开发的 ABS 有以下 4 种作用。

1. 缩短制动距离

汽车在紧急制动时，ABS 可以将滑移率控制在没有装备 ABS 的车辆的 20%~25%，也就是说，它可以获得最大的纵向制动力的效果。

2. 增强制动时的操纵稳定性

汽车制动时，4 个轮子上的制动力是不同的。如果前轮抱死，驾驶员就无法控制汽车的方向；倘若后轮先抱死，则会出现侧滑、甩尾、甚至是整个汽车掉头等严重事故。ABS 可以防止制动时 4 个轮子被完全抱死，有效提高了汽车行驶的稳定性。资料表明，装有 ABS 的车辆，可以使由于车轮侧滑引起的事故比例大幅度下降。

3. 改善轮胎的磨损状况

车轮抱死会造成轮胎杯形磨损，轮胎面磨耗不均匀，导致轮胎磨损耗费增加。经测定，汽车在紧急制动时车轮抱死所造成的轮胎累加磨损费，已超过了 1 套防抱死系统的造价。因此，立足长远，装用 ABS 具有一定的经济效益。

4. 减轻司机的心理疲劳

ABS 的使用与普通制动系统几乎没有区别。制动时只要把脚踏在制动踏板上 ABS 就会根据情况自动进入工作状态。ABS 在任何路面上应急制动只要求制定的制动操纵，而不需要顾虑车轮抱死问题。这就可以减轻司机心理上的疲劳，进而保证驾车的安全可靠性。

二、ABS 的组成

ABS 通常由传感器、ECU 和执行器组成，如图 3-1 所示，功能如表 3-1 所示。

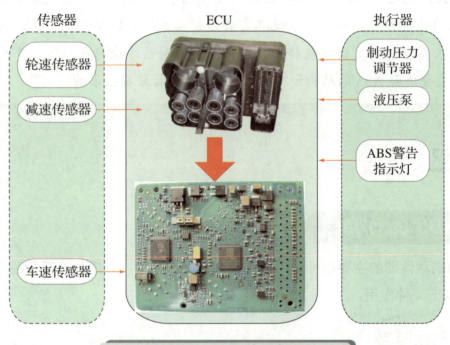

图 3-1　ABS 的组成

表 3-1　ABS 组成及功能

元件名称		功能
传感器	车速传感器	检测车速，给 ECU 提供车速信号，用于滑移率控制方式
	轮速传感器	检测车轮速度，给 ECU 提供车轮信号，各种控制方式均采用
	减速度传感器	检测制动时汽车的减速度，识别是否是冰雪等易滑路面，只用于四轮驱动控制系统
执行器	制动压力调节器	接收 ECU 的指令，通过电磁阀的动作实现制动系统压力的增加、保持和降低
	液压泵	受 ECU 控制，在可变容积式制动压力调节器的控制油压中建立控制油压；在循环式制动压力调节器调节压力降低的过程中，将由轮缸流出的制动液经蓄能器泵回主缸，以防止 ABS 工作时制动踏板行程发生变化
	ABS 警告指示灯	ABS 出现故障时，由 ECU 控制将其点亮，向驾驶员发出报警，并储存故障码
ECU		接收车速、轮速、减速等传感器的信号，计算出车速、轮速、滑移率和车轮的减速度、加速度，并将这些信号加以分析、判别、放大，由输出级输出指令，控制各种执行器工作

三、主要部件的结构与工作原理

1. 传感器

1）轮速传感器

轮速传感器用于检测车轮的转速，并将转速信号输入 ECU。轮速传感器一般安装在车轮处。主要类型有电磁感应式轮速传感器和霍尔效应式轮速传感器。

（1）电磁感应式轮速传感器。

电磁感应式轮速传感器主要由传感头和齿圈组成，常见的电磁感应式轮速传感器有凿式和柱式，其结构如图 3-2 所示。哈弗 H6 电磁感应式轮速传感器安装位置如图 3-3 所示。安装在车轮处的轮速传感器，齿圈安装在随车轮一起转动的部件上，如轮毂、制动盘、半轴等，而传感头则安装在车轮附近不随车轮转动的部件上，如转向节、制动底板、半轴套管等。传感器与齿圈之间的间隙很小，通常只有 0.5~1.0 mm，多数轮速传感器是不可调的。一些后轮驱动的汽车，在主减速器或变速器上安装一电磁感应式轮速传感器，传感头安装在主减速器或变速器壳体上，齿圈安装在主减速器或变速器输出轴上。

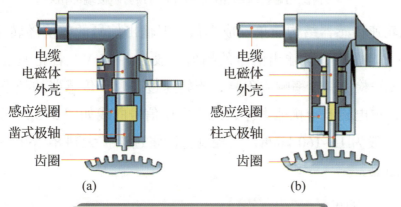

图 3-2 电磁感应式轮速传感器的结构
（a）凿式；（b）柱式

电磁感应式轮速传感器的工作原理如图 3-4 所示。当齿圈的齿隙与传感器的磁极端部相对时，磁极端部与齿圈之间的空气隙最大，传感器永磁性磁极所产生的磁力线不容易通过齿圈，感应线圈周围的磁场较弱；当齿圈的齿顶与传感器的磁极端部相对时，磁极端部与齿圈之间的空气隙最小，传感器永磁性磁极所产生的磁力线容易通过齿圈，感应

图 3-3 哈弗 H6 电磁感应式轮速传感器的安装位置

线圈周围的磁场较强。当齿圈随同车轮转动时，齿圈的齿顶和齿隙交替与传感器磁极顶部相对，传感器感应线圈周围的磁场随之发生强弱交替变化，在感应线圈中感应出交变电压，其频率与齿圈的齿数和转速成正比。因此，轮速传感器输出的交变电压频率将与相应车轮的转速成正比。

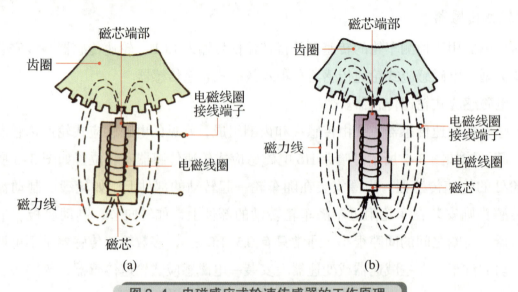

图 3-4　电磁感应式轮速传感器的工作原理
（a）齿隙与磁极端部相对；（b）齿顶与磁极端部相对

电磁感应式轮速传感器结构简单、成本低，但输出信号的幅值随转速的变化而变化，在规定的转速变化范围内，其输出信号的幅值一般为 1~15 V，若轮速过低，其输出信号低于 1 V，ECU 无法检测；频率响应不高，当转速过高时，传感器的频率响应跟不上，容易产生误导信号；抗电磁波干扰能力差，感应电压信号曲线如图 3-5 所示。目前，国内外 ABS 控制的车速一般为 15~160 km/h，其控制范围将逐渐扩大到 8~260 km/h，电磁感应式轮速传感器很难适应。

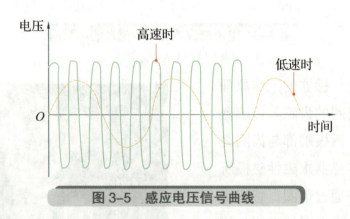

图 3-5　感应电压信号曲线

（2）霍尔效应式轮速传感器。

霍尔效应式轮速传感器具有输出信号不受转速影响、频率响应高、抗电磁波干扰能力强等优点，广泛用于 ABS 轮速检测及其他控制系统的转速检测。

霍尔效应式轮速传感器由传感头和齿圈组成，其工作原理如图 3-6 所示。传感头由永磁体、霍尔元件和电子电路等组成。永磁体的磁力线穿过霍尔元件通向齿圈，在图3-6（a）位置时，穿过霍尔元件的磁力线分散，磁场相对较弱；在图3-6（b）位置时，穿过霍尔元件的磁力线集中，磁场相对较强。齿圈转动过程中，通过霍尔元件的磁力线密度发生变化，从而引起霍尔电压变化，霍尔元件将输出一准正弦波电压，如图3-7所示。

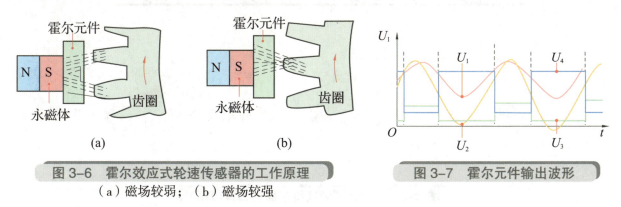

图3-6 霍尔效应式轮速传感器的工作原理
（a）磁场较弱；（b）磁场较强

图3-7 霍尔元件输出波形

2）减速度传感器

减速度传感器的功用是检测汽车制动时的减速度大小，并将其转化为电信号输入ABS的ECU，以便ECU判断路面状况并采取相应的控制方式。

汽车的减速度传感器有的安装在行李箱内，有的安装在发动机室内，主要有光电式、水银式、差动变压器式、惯性压阻式、开关式等。下面主要介绍光电式减速度传感器和水银式减速度传感器。

（1）光电式减速度传感器。

光电式减速度传感器的结构如图3-8所示，主要由2只发光二极管LED、2只光敏晶体管、1块遮光板、信号处理电路等组成。

遮光板位于发光二极管和光敏晶体管的中间，如图3-9所示，它的上面有开口。随着遮光板的摆动，发光二极管发出的光或透过遮光板，如图3-9（b）所示，或被遮光板挡住，如图3-9（c）所示，从而使光敏晶体管导通或截止，从而向外输出电压信号。

汽车匀速行驶时，透光板静止不动，传感器无信号输出。当汽车减速时，透光板沿汽车纵向摆动，如图3-9（a）所示。减速度大小不同，透光板摆动角度就不同，2只光敏晶体管的"导通"与"截止"状态也就不相同。减速度越大，透光板摆动角度就越大。根据2只光敏晶体管的输出信号，可将汽车减速度划分为4个等级。ECU接收到传感器信号后，就可判定路面状况，从而采取相应的措施。

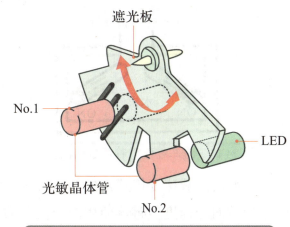

图3-8 光电式减速度传感器的结构

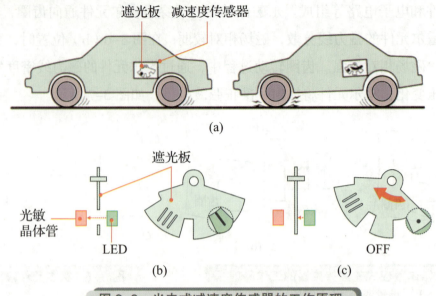

图 3-9 光电式减速度传感器的工作原理

（2）水银式减速度传感器。

水银式减速度传感器的结构如图 3-10 所示，由玻璃管、水银等组成。

当汽车在低附着系数路面上制动时，汽车减速度小，水银在玻璃管内基本不动，此时传感器电路接通，如图 3-11 所示。ECU 便按低附着系数路面上的控制程序控制制动系统工作。

当汽车在高附着系数路面上制动时，汽车减速度大，传感器玻璃管内的水银在惯性力作用下前移，此时玻璃管内电路断开，如图 3-12 所示。ECU 便按高附着系数路面上的控制程序控制制动系统工作。

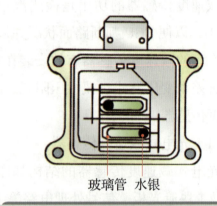

图 3-10 水银式减速度传感器的结构

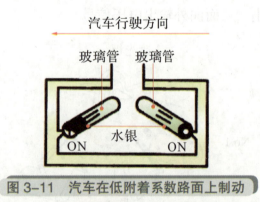

图 3-11 汽车在低附着系数路面上制动

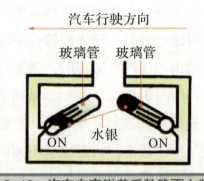

图 3-12 汽车在高附着系数路面上制动

由水银式减速度传感器的结构可知，它可检测前、后或左、右方向的加、减速度，也可作为横向加速度传感器使用。当汽车的横向加速度低于设定值时，水银在玻璃管内基本不动，玻璃管内电路接通，向 ECU 输入一高电频信号；当汽车高速急转弯时，横向加速度超过设定值，水银在惯性作用下移动，玻璃管内电路断开，向 ECU 输入一个低电频信号。

ECU接收到横向加速度超过设定值的信号后，立即发出控制指令，修正左、右车轮制动分泵压力，从而提高ABS的制动性能。横向加速度传感器在高级轿车和赛车中的应用较为广泛。

2. 执行器

1）液压调节装置的结构

液压调节装置是ABS执行器的一种，由液压泵电动机、ABS液压单元、ABS控制单元等装配成一总成，如图3-13所示。其作用是按照ECU发出的控制指令，开闭ABS的制动液通道，完成对各轮缸中制动液压力的调节。

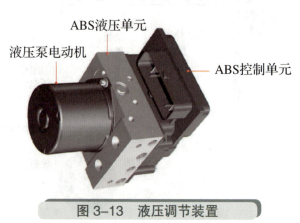

图3-13 液压调节装置

2）液压调节装置的工作原理

ABS典型的制动液压调节装置有循环式和可变容积式。其中循环式又分二位电磁阀循环式和三位电磁阀循环式，下面分别介绍其工作过程。

（1）二位电磁阀循环式液压调节装置。

图3-14为宝来轿车上的二位电磁阀ABS控制油路图。这种形式是在汽车原有的制动管路中串联电磁阀，直接控制压力的增减。

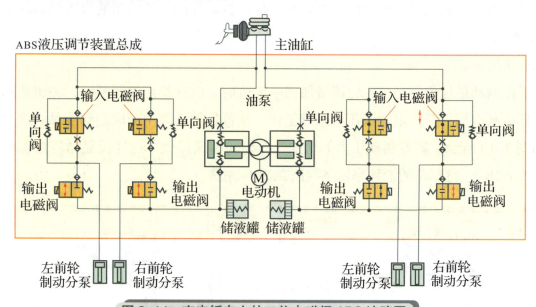

图3-14 宝来轿车上的二位电磁阀ABS油路图

二位电磁阀循环式液压调节装置工作原理如下。

①开始制动阶段（系统油压建立）。

开始制动时，驾驶员踩制动踏板，制动主缸产生制动压力，经常开的进油阀到制动分泵。此时出油阀依然关闭，ABS没有参与控制，整个过程和常规液压制动系统相同，制动压力不断上升，如图3-15所示。

②油压保持。

当驾驶员继续踩制动踏板,油压继续升高到车轮出现抱死趋势时,ABS的ECU发出指令,使进油阀通电并关闭阀门,出油阀依然不通电保持关闭,系统油压保持不变,如图3-16所示。

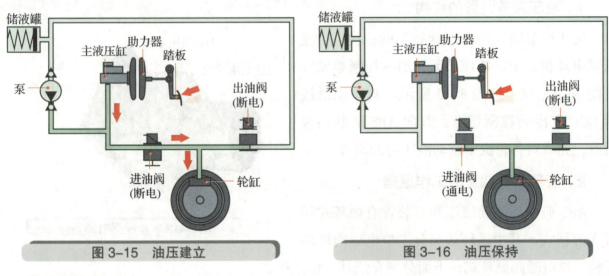

图3-15 油压建立　　　　　　　　　图3-16 油压保持

③油压降低。

若制动压力保持不变,车轮有抱死趋势时,ECU给出油阀通电,打开出油阀。系统通过低压储液罐降低油压,此时进油阀继续通电保持关闭状态,有抱死趋势的车轮被释放,车轮轮速开始上升。与此同时,电动液压泵开始工作,将制动液由低压储液罐送至制动主缸,如图3-17所示。

④油压增加。

为了使制动最优化,当车轮轮速增加到一定值后,ECU给出油阀断电,关闭此阀门,进油阀同样也断电而打开,电动液压泵继续工作,从低压储液罐中吸取制动液泵入液压制动系统,如图3-18所示。随着制动压力的增加,车轮轮速又降低。这样反复循环地控制(工作频率为5~6 Hz),将车轮的滑移率始终控制在20%左右。

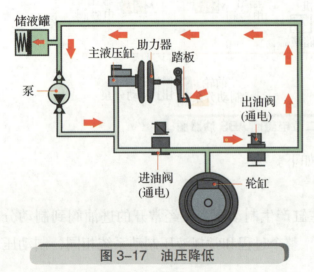
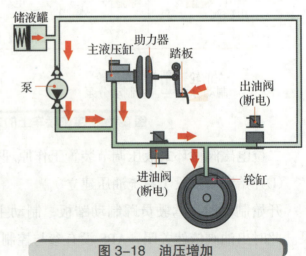

图3-17 油压降低　　　　　　　　　图3-18 油压增加

（2）三位电磁阀循环式液压调节装置。

这种形式的液压调节装置是在汽车原有的制动管路中串联进电磁阀，直接控制压力的增减。

①常规制动过程。

常规制动时电磁阀不通电，柱塞处于如图3-19所示的位置，主缸和轮缸是相通的，主缸可随时控制制动压力的增减。这时，电动机也不需要工作。

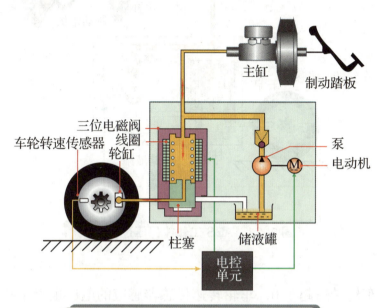

图3-19　ABS不工作（常规制动过程）

②减压过程。

当电磁阀通入较大的电流时，柱塞移至上端，主缸和轮缸的通路被截断，轮缸和储液罐接通，轮缸的制动液流入储液罐，制动压力降低。与此同时，驱动电动机起动，带动液压泵工作，把流回储液罐的制动液加压后输送到主缸，为下一制动周期作好准备，如图3-20所示。

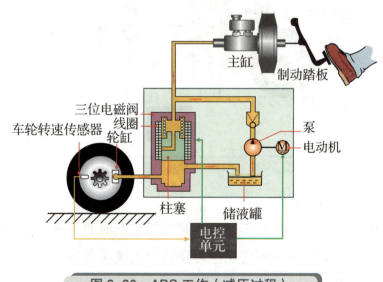

图3-20　ABS工作（减压过程）

③保压过程。

轮缸保压过程中，电磁阀通入较小的电流，柱塞移至如图3-21所示的位置，所有的通道都被截断，保持轮缸的制动压力。

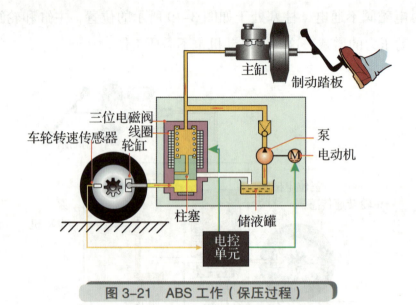

图3-21　ABS工作（保压过程）

④增压过程。

保压过程中，车轮转速趋于0，车轮转速传感器感应的电压也趋于0，电磁阀断电，柱塞又回到如图所示的初始位置。主缸和轮缸再次相通，主缸端的高压制动液再次进入轮缸，增加了轮缸的制动压力，如图3-22所示。车轮又趋于接近抱死状态。

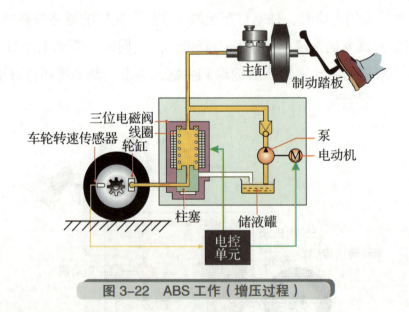

图3-22　ABS工作（增压过程）

（3）可变容积式液压调节装置。

可变容积式液压调节装置是在汽车原有的制动管路上增加一套液压装置，用它控制制动管路容积的增减，以控制制动压力的变化。可变容积式液压调节装置主要由电磁阀、动力活塞、液压泵、蓄能器等组成。

①常规制动过程。

如图3-23所示，在常规制动时，电磁线圈内无电流流过，电磁阀将控制活塞工作腔与回油管路接通，活塞在强力弹簧的作用下，被推至最左端，活塞顶端推杆将单向阀打开，使制动总泵与轮缸的制动管路接通，制动总泵的制动液直接进入轮缸，轮缸压力随总泵压力变化而变化。

②减压过程。

减压过程如图3-24所示，减压时，ABS的ECU向电磁阀线圈提供一个大的电流，电磁阀内的柱塞在电磁力的作用下，克服弹簧力移至右边，将蓄能器与活塞工作腔管路接通。蓄能器的压力油进入活塞的工作腔，推动活塞左移，使单向阀关闭，总泵与轮缸间的通道被切断。同时因控制活塞的右移，使轮缸侧的容积增大，制动压力迅速降低。

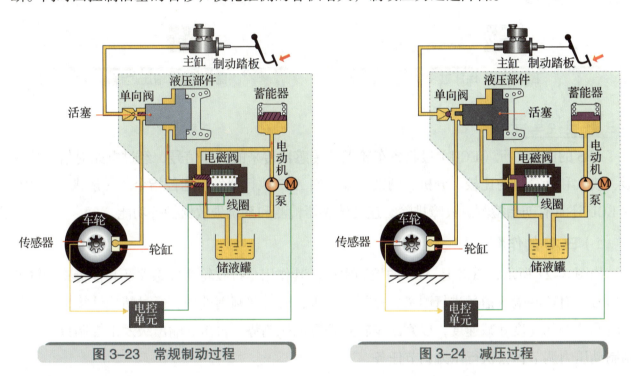

图3-23　常规制动过程　　　　　　　图3-24　减压过程

③保压过程。

保压过程如图3-25所示，ABS的ECU向电磁阀线圈提供一个较小的电流，电磁力减小，柱塞在弹簧力的回位作用下移至左边，作用在活塞左侧的液压得以保持，活塞两端承受的作用力相等。此时的单向阀仍处在关闭位置，轮缸侧的容积不变，制动压力保持一定。

④增压过程。

增压过程如图3-26所示，需要增压时，ABS的ECU切断电磁阀线圈中的电流，柱塞在弹簧力的回位作用下，移至左端的初始位置，活塞的工作腔与回油管路接通，活塞左侧的控制油压解除，控制液流回至储液罐，活塞在强力弹簧的作用下左移，轮缸侧容积变小，压力升高至初始值。当活塞左移至最左端时，单向阀被打开，轮缸压力将随总泵压力的增大而增大。

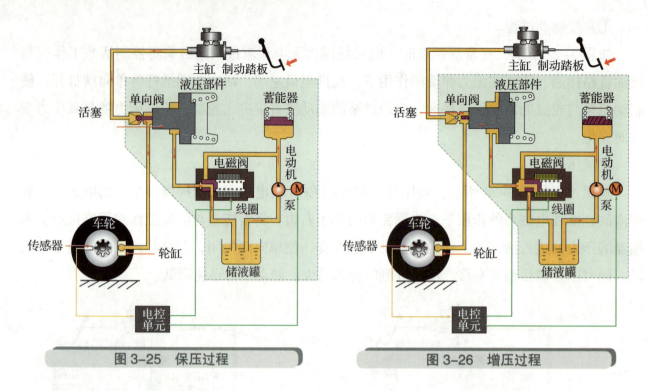

图 3-25 保压过程　　　图 3-26 增压过程

3. 电控单元

ABS 的电控单元（ECU）接收各车轮上的传感器传来的转速信号，经过电路对信号的整形、放大和计算机的比较、分析、判别处理，向 ABS 执行器发出指控指令。一般来说，ABS 的 ECU 还具有初始检测、故障排除、速度传感器检测和系统失效保护等功能。

1）ECU 的作用

如图 3-27 所示，ECU 是 ABS 的控制中枢。其作用是接收轮速传感器及其他传感器输入的信号，对这些输入信号进行测量、比较、分析、放大和判别处理，通过精确计算，得出制动时车轮的加速度和减速度，以判断车轮是否有抱死趋势。再由其输出级发出控制指令，控制制动压力调节器去执行压力调节任务。

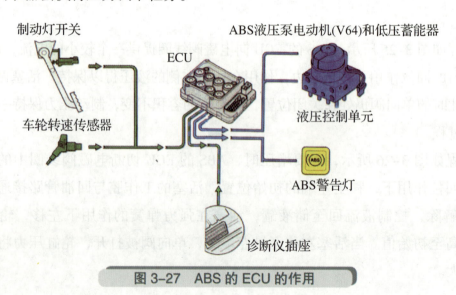

图 3-27 ABS 的 ECU 的作用

ECU 还具有监控和保护功能。当系统出现故障时，关闭继动阀门，停止 ABS 的工作，及时转换成常规制动，同时，点亮仪表板上的 ABS 警告灯，提示驾驶人 ABS 出现故障，并将故障信息以故障码的形式储存在存储器中，以便诊断时调取。

2）ECU 的内部结构

ABS 的 ECU 的内部结构如图 3-28 所示。为确保系统工作的安全可靠性，在许多 ABS 的 ECU 中采用了 2 套完全相同的微处理器，一套用于系统控制，另一套则起监测作用。它们以相同的程序执行运算，一旦监测用 ECU 发现其计算结果与控制用 ECU 所算用结果不相符，则 ECU 立即让制动系统退出 ABS 控制，只维持常规制动。这种"冗余"的方法可以保证系统更加安全。

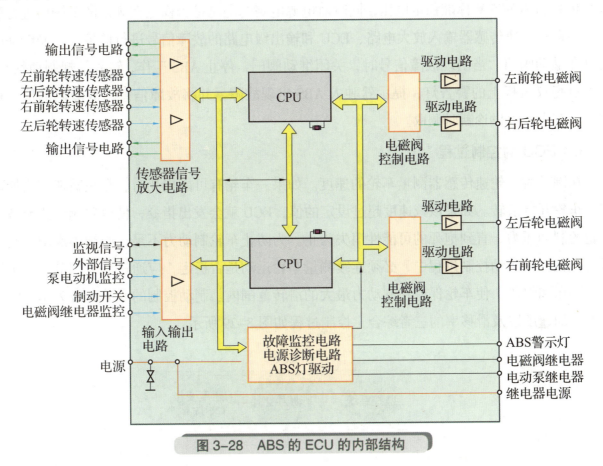

图 3-28 ABS 的 ECU 的内部结构

ABS 的 ECU 一般由如下基本电路组成。

（1）输入级电路。

输入级电路主要由一低通滤波器和用以抑制干扰并放大轮速信号的输入放大器组成，其功用是将车速传感器输入的正弦交流信号转换成脉冲方波，整形放大后输入运算电路。放大单元的个数与车速传感器的数量是一致的。

（2）运算电路。

运算电路的作用主要是进行车轮转速、车轮加减速度、滑移率等控制参数的计算，以及电磁阀的开起控制运算和监控运算。运算过程是，接收由输入放大单元传来的车速传感器脉冲方波信号，并计算出车轮的瞬时线速度，然后对瞬时线速度积分，即计算出初始速度，把初速度与瞬时线速度进行比较运算，即可得到车轮加、减速度和滑移率。最后根据设定的控制方式计算并产生相应的车轮加、减速度门限控制信号及滑移率门限控制信号，对电磁阀控制单元输出减压、保压或增压控制信号。

（3）输出级电路（电磁阀控制电路）。

输出级电路的作用是接收来自运算电路单元的减压信号，并根据此信号对电磁阀的动作进行控制。

（4）安全保护电路。

安全保护电路的功用是：首先将汽车电源（蓄电池、发电机）提供的 12 V 电压变为 ECU 内部所需的 5 V 标准稳定电压，同时对电源电路的电压是否稳定在规定的范围内进行监控，并且对车速传感器输入放大电路、ECU 和输出级电路的故障信号进行监控，控制继动电动机和继动阀门。当出现故障信号时，关闭继动阀门，停止 ABS 工作，转入常规制动状态。同时点亮仪表板上的警告灯，提示驾驶人 ABS 出现故障，并将故障信息以故障码的形式存储在内存中，以供诊断时调取。

3）ECU 的控制过程

在制动时，轮速传感器测量车轮的速度。如果一车轮有可能抱死时，车轮减速度增加很快，车轮开始滑转。如果该减速度超过设定的值，ECU 就会发出指令，使电磁阀停止或减少车轮的制动压力，直到抱死的可能性消失为止。为防止车轮制动力不足，必须再次增加制动压力。在自动制动控制过程中，必须连续测量车轮运动是否稳定，应通过调节制动压力（加压、减压和保压）使车轮保持在制动力最大的滑转范围内。制动控制的参数一般为车轮的减速度、加速度以及滑移率的三者综合，控制过程如图 3-29 所示。

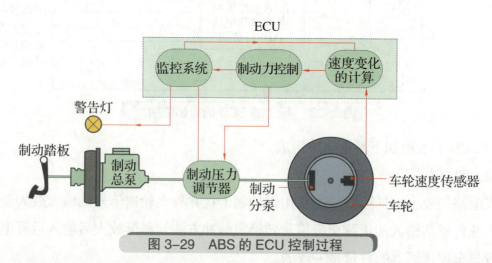

图 3-29　ABS 的 ECU 控制过程

项目三 电控防抱死制动系统的检修

任务二　ABS故障诊断与检修

任务目标

完成本学习任务后，学生在基础知识和基本技能方面应达到以下要求。

知识目标

（1）掌握ABS故障检修方法。

（2）熟悉ABS检修时注意事项。

能力目标

（1）会分析电路图并按电路图检修ABS。

（2）会正确诊断ABS。

任务引入

ABS由专门的车载电控器（ECU）控制，具有很高的工作可靠性，通常无须对其进行定期的特别维护，当ABS发生故障后，应及时进行检查。先做基本检查，查看制动灯点亮时制动管路是否漏油、损坏，然后再通过故障检测仪读取ABS故障码，进一步诊断ABS发生的故障原因。

相关知识

一、电控防抱死制动系统检修时注意事项

在维修电控防抱死制动系统时应注意以下几个问题。

（1）大多数ABS中的车轮转速传感器、ECU和制动压力调节装置都是不可修复的，如果发生损坏，应该进行整体更换。ABS与普通制动系统是不可分的，普通制动系统出现问题，ABS就不能正常工作。因此，要将二者视为整体进行诊断维修，不能只把注意力集中于传感器、电脑和液压调节器上。

（2）维修车轮速度传感器时一定要十分小心。一般情况下，传感器气隙是可调的（也有

不可调的），调整时应使用非磁性塞卡，如塑料或铜塞卡，当然也可使用纸片。拆卸时注意不要碰伤传感器头，不要用传感器齿圈当做撬面，以免损坏。安装时应先涂覆防锈油，安装过程中不可敲击或用蛮力。

（3）ABS的电脑对过电压、静电非常敏感，稍有不慎就会损坏电脑中的芯片，造成整个ABS瘫痪。因此，点火开关接通时不要插拔电脑上的连接器；在车上进行电焊之前，要戴好防静电器，拔下电脑上的连接器后再进行；给蓄电池进行充电时，要将蓄电池从车上拆卸下来或摘下蓄电池电缆后再进行。

（4）ABS中一般都有蓄压器，存贮高达18 MPa的压力。维修ABS液压控制装置时，切记首先要将蓄压器中的高压制动液完全释放，进行泄压，以免高压制动液喷出伤人。在释放蓄压器中的高压制动液时，应先将点火开关断开，然后反复地踩下和放松制动踏板，直到制动踏板变得很硬时为止，然后再按规定进行修理。在制动液压系统未完全装好以前，不要接通点火开关，以免电动泵通电运转。在维修制动液压系统以后，或者在使用过程中发觉制动踏板变软时，应按照要求的方法和顺序对ABS进行排气。

（5）因为DOT3乙二醇型制动液的吸湿性很强，含水分的制动液不仅会使制动系统内部产生腐蚀，而且会使制动效果明显下降，影响ABS的正常工作。因此，制动液要至少每2年更换1次，最好是每年更换1次。更换和存贮的制动液以及器皿要清洁，不要让污物、灰尘进入液压控制装置，制动液不要沾染到ABS电脑和导线上。

（6）在进行ABS诊断与检查时，只要掌握检测仪器等专用工具的使用方法，按照维修手册中给出的故障诊断图表进行故障诊断，可以不拘泥于检查形式和步骤，只要能准确地判断出故障点即可。但是，在更换ABS零部件时，一定要选用本车型原装配件，确保ABS维修后能正常工作。

二、电控防抱死制动系统检修步骤

1. 初步检查

在ABS/ASR出现故障而不能正常工作时，首先应进行初步检查。检查内容如下。

（1）检查蓄电池的电压和容量是否在规定范围内，蓄电池正、负极柱的导线连接是否牢固可靠，图3-30为用VTA-40进行容量检测的连接法。

（2）检查与电控系统相接的熔断器和继电器是否正常，插接是否牢固。

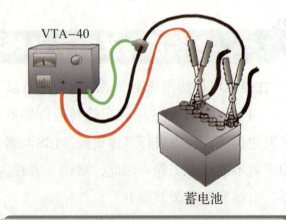

图3-30 用VTA-40进行容量检测的连接法

（3）检查驻车制动是否完全释放。

（4）检查制动主缸液面高度是否符合规定。

（5）检查电控单元的插脚与插座是否有松动或接触不良现象。

（6）检查下列导线和连接器连接和接触是否良好：

①液压调节器上的电磁阀连接器；

②液压调节器主控制阀连接器；

③压力警告开关和压力控制开关的连接器；

④制动液面高度指示开关的连接器；

⑤所有车轮速度传感器的连接器，对于四轮驱动汽车还有横向加速传感器连接器；

⑥电动油泵连接器。

通过初步检查不能确定装置故障，需进行其他诊断和检查。

（7）检查电控单元、液压控制装置的搭铁端是否良好。

（8）检查汽车轮胎花纹深度是否符合规定。

2. 系统故障自诊断

现代汽车电控系统都有故障自诊断功能，可以把系统电控装置出现的故障用故障码的形式存储在电控单元的存储器中，维修人员可以通过仪表板上的故障指示灯、专用的检测设备或其他方法把故障码调出，以确定故障的原因和部位。

3. 系统各装置的测试和检修

当根据故障码确定故障部位后，或出现故障自诊断系统并不能检测出的故障时，需要维修人员使用专用万用表和其他检测设备进行各部件的电阻、电压等参数的检测，以确定故障的最终部位和原因。同时，这也是维修人员必备的技能，要求维修人员掌握具体车型的电路、系统构造、原理以及各装置检测参数，以及检测方法。

三、电控防抱死制动系统故障诊断

以德国 BOSCH 公司 ABS5.3 为例来讲解故障诊断步骤及方法，其系统组成如图 3-31 所示，控制电路如图 3-32 所示。

通过故障诊断仪，可查阅 ABS5.3 的以下故障信息，以确定故障部位。

（1）ABS 泵电动机。

（2）左后轮速度传感器。

（3）左后轮速度传感器信息。

（4）右前轮速度传感器。

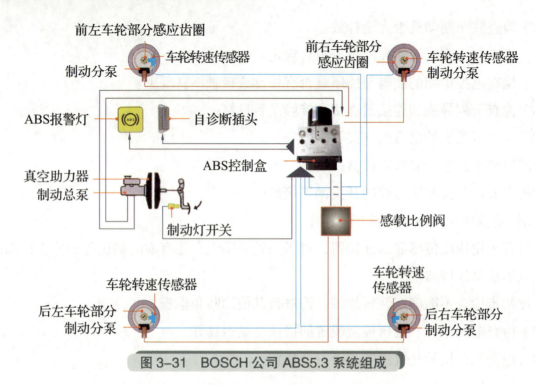

图 3-31 BOSCH 公司 ABS5.3 系统组成

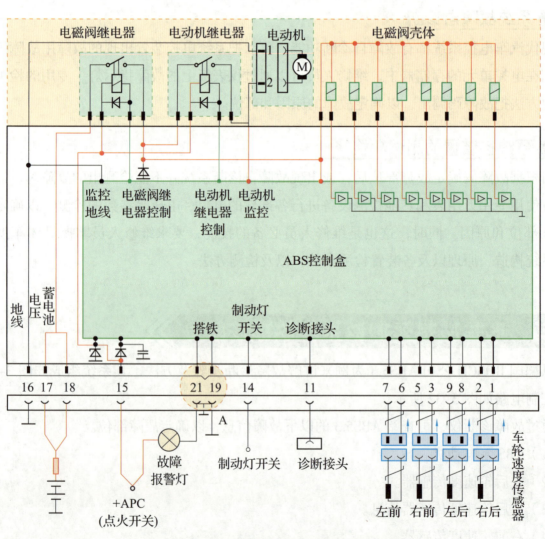

图 3-32 ABS 控制电路

(5)右前轮速度传感器信息。

(6)右后轮速度传感器。

(7)右后轮速度传感器信息。

(8)左前轮速度传感器。

(9)左前轮速度传感器信息。

(10)左后轮电磁阀。

(11)右前轮电磁阀。

(12)右后轮电磁阀。

(13)左前轮电磁阀。

(14)传感器转子感应齿圈的一致性。

(15)制动灯开关。

(16)控制单元。

(17)蓄电池电压。

1. ABS 泵电动机故障

1)故障原因

(1)泵电动机内部线路断路或短路。

(2)泵插接器松脱或接触不良。

(3)传递电路发生故障。

2)故障诊断步骤

(1)使用 ELIT 检测仪对泵电动机进行激活检测,其方法是将检测仪与车上 16 针诊断头连接,在系统测试中进入 ABS 检测的多功能菜单,选择"simulation"(激活检测)并按"*"键,然后移动光标,选择"Moteur de Imppe"(液压泵电动机)并按"*"键即可进行激活检测。检测时,如果能听到泵的运行声,说明泵电动机正常,则可更换控制单元试验。

(2)如果激活检测时,泵电动机不运行,则关闭点火开关,拔掉泵电动机的插接器,然后参考图 3-32 所示,接通点火开关,用万用表的电压挡在接线盒 17、18 与 19、16 插孔内检测泵电动机的输入电压,其电压值应为蓄电池电压。如果电压值正常,则进行下一步诊断;如果电压值异常,则进行步骤(4)。

(3)拔掉泵电动机的插接器,用万用表的电阻挡直接测量泵电动机的电阻,其正常阻值 $R=2\ \Omega$。当 $R=0\ \Omega$ 时,表示泵电动机内部导线短路。当 $R=\infty$ 时,表示泵电动机内部导线断路。若泵电动机损坏,则应予以更换。

(4)如果泵电动机插接器的电压异常,则检查蓄电池电压及 ABS 熔断器。如不正常,则更换控制单元进行试验。

2. 左后、右前、右后、左前车轮转速传感器故障

1）故障原因

（1）车轮转速传感器线圈断路或短路。

（2）插接器连接处接触不良。

（3）车轮转速传感器与 ABS 控制单元不匹配。

（4）车轮转速传感器及其传感器转子安装不当，间隙不符合要求。

⚠ **注意事项**：29 齿齿圈的车轮转速传感器与 48 齿齿圈的车轮转速传感器所对应的控制单元不能互换。

2）故障诊断步骤

（1）检查车轮转速传感器及其转子齿圈的状况和固定情况，确保车轮转速传感器安装正确，齿圈齿数符合要求。传感器与转子齿圈齿顶的间隙应为 0.3~1.2 mm。

（2）关闭点火开关，断开 ABS 控制单元插接器插头。

（3）断开插接器与控制单元的连接。

（4）用万用表电阻挡在接线盒的插孔上测量相应车轮转速传感器线圈电阻，其相应的接线盒插孔号如表 3-2 所示。

表 3-2　车轮转速传感器对应的接线盒插孔号和部分端子

部件	控制单元插接器	接线盒插孔号	部件端子	标准电阻值/Ω（20 ℃时）
左后轮转速传感器	断开	9—8	1—2 2 通道灰色	1 600 ± 320
右前轮转速传感器		5—3	1—2 2 通道灰色	
右后轮转速传感器		2—1	1—2 2 通道灰色	
左前轮转速传感器		7—6	1—2 2 通道灰色	

（5）车轮转速传感器电阻的检测值应为（1 600 ± 320）Ω（20 ℃时）。如果电阻值太小，说明车轮转速传感器有短路故障；如果电阻值太大，则需要检查插接器及线路的连接情况，排除接触不良的现象；如果电阻 $R = \infty$，则说明车轮转速传感器有断路故障。

如果所测量的传感器电阻与从 2 通道插接器上直接测得的阻值差别较大，则需要检查线路连接和插接器的状况，以进一步确诊故障。对于短路或断路故障，应更换有故障的车轮转速传感器。

（6）经上述检查，如果车轮转速传感器正常，则应清除故障信息，进行路试。如果 ABS 故障指示灯点亮且显示同样的故障信息，则更换 ABS 控制单元。

⚠ **注意事项**：若几个车轮转速传感器有故障，则只记录 1 个车轮转速传感器故障。其记录顺序为：左前、右后、左后、右前轮转速传感器。

3. 左后、右前、右后、左前车轮转速传感器信息故障

1）故障原因

（1）车轮转速传感器线圈断路或短路。

（2）车轮转速传感器线路与搭铁线短路。

（3）插接器连接处接触不良。

（4）车轮转速传感器及其传感器转子安装不当，间隙不符合要求。

2）故障诊断步骤

（1）检查车轮转速传感器及其转子齿圈的状况和固定情况，确保车轮转速传感器安装正确，使传感器电极与转子齿圈齿顶的间隙为 0.3~1.2 mm。

（2）关闭点火开关，断开 ABS 控制单元插接器插头。

（3）打开点火开关，测量车轮转速传感器的输出电压。其方法是转动车轮，在接线盒上找到相应插孔，如表 3-3 所示。用万用表电压挡测量转速传感器的输出电压，其电压值随车轮转速变化，最小车速测量值为 2.75 km/h，对应电压为 120 mV。因此，测量时其电压值应大于 0.1 V，否则为不正常，应进行下一步检查。

表 3-3 车轮转速传感器与接线盒插孔号的对应关系

部 件	控制单元插接器	接线盒插孔号	检测值
左后轮转速传感器	接通	9—8	转动车轮检查时，其电压应大于 0.1 V，且电压值随车轮转速的变化而变化
右前轮转速传感器		5—3	
右后轮转速传感器		2—1	
左前轮转速传感器		7—6	

（4）关闭点火开关，断开控制单元插接器，用万用表电阻挡在接线盒的相应插孔号测量车轮转速传感器的电阻。

车轮转速传感器线圈电阻的检测值应为（1 600 ± 320）Ω（20 ℃时）。如果电阻值太小，说明转速传感器线圈有短路故障；如果电阻值太大，则需检查插接器及线路的连接情况，排除接触不良现象；如果电阻 $R = \infty$，则说明车轮转速传感器有断路故障；如果电阻值正常，则进行下一步检修。

（5）检查车轮转速传感器导线与搭铁线的绝缘电阻，其阻值应大于 20 MΩ，否则为不正常，应更换车轮转速传感器。

（6）经上述检查，如果车轮转速传感器正常，则应清除故障信息，进行路试。如果 ABS 故障指示灯点亮且显示同样的故障信息，则应更换 ABS 控制单元。

4. ABS 电磁阀故障

1）故障原因

（1）电磁阀电磁线圈短路或断路。

（2）电磁阀正极与搭铁线短路。

（3）控制单元的信息与电磁阀实际控制不符。

2）故障诊断步骤

（1）用万用表检查各电磁阀电磁线圈的断路、短路及正极与搭铁线短路情况。如正常，则进行下一步诊断。

（2）清除故障，检查故障是否再现，如故障再现，则试用新控制单元，以便确诊故障。

5. 传感器转子感应齿圈的一致性故障

1）故障原因

（1）同侧车轮速度差别较大。

（2）车轮转速传感器干扰。

2）故障诊断步骤

（1）检查各传感器转子感应齿圈的齿数是否相一致，是否有断齿现象，各感应齿圈应齿数一致，且安装情况良好，确保各车轮转速传感器电极与转子齿圈齿顶的间隙为 0.3~1.2 mm。

（2）检查每个车轮的制动力，各车轮制动力应趋向一致。

6. 制动灯开关故障

（1）接通控制单元插接器，打开点火开关。

（2）使用万用表电压挡测量接线盒插孔 14—19 的电压：当松开制动踏板时，其电压值应为 0 V；当踩下制动踏板时，其电压值应近似为蓄电池电压，否则应检查熔丝是否损坏。

（3）关闭点火开关，断开控制单元插接器，用万用表电阻挡测量接线盒插孔 15—14（部件端子 1—2，2 通道，白色）之间的电阻。当不接通制动灯（包括第三制动灯）测量时，松开制动踏板，测量值应为 $R=\infty$；踩下制动踏板，其测量值应为 0 Ω。如测量值不符合要求，应更换制动灯开关。

7. 控制单元故障

控制单元出故障的可能性较小，但一旦 ABS 自诊断显示控制单元故障，则可先删除控制单元故障信息，然后进行路试检查，看故障是否再现。如故障再现，则更换新的控制单元。

8. 蓄电池电压故障

1）故障原因

（1）蓄电池电压过低。

（2）传递线路接触不良。

（3）插接器接触不良。

2）故障诊断步骤

（1）接通控制单元插接器，打开点火开关。

（2）使用万用表电压挡测量接线盒插孔 17、18 与 19、16 之间的电压，该电压为控制单元电源电压，其正常值应为 9.4~17.4 V，否则，应进行下一步检查。

（3）检查负荷线路，检查 ABS 熔断器，排除接触不良故障。如这些检查均正常，则可直接测量蓄电池电压，以确诊故障。

四、大众部分车型 ABS 的检测与故障诊断方法

1. 电控装置的检修

ABS 电控装置的检查内容如表 3-4 所示，如果检测结果与标准值不相符合，则需要修理或更换相关部件。

表 3-4　ABS 电控装置的检查内容

检查项目	点火开关位置	端子	标准值
蓄电池电压（电动机）	OFF	25—8	10.1~14.5 V
蓄电池电压（电磁阀）	OFF	9—24	10.1~14.5 V
电源绝缘性能	OFF	8—23	0~0.5 V
搭铁绝缘性能	OFF	8—24	0~0.5 V
	ON	8—23	10.0~14.5 V
电源电压	OFF	未连接 ECU	警示灯熄灭
	ON	未连接 ECU	警示灯亮
	OFF	连接 ECU	警示灯熄灭
	ON	连接 ECU	警示灯亮约 1.7 s 后熄灭
制动灯开关功能（踏板未踩下）	ON	8—12	0~0.5 V
制动灯开关功能（踏板踩下）	ON	8—12	10.0~14.5 V
诊断接头	OFF	K—13	0~0.5 kΩ

续表

检查项目	点火开关位置	端子	标准值
左前轮转速传感器电阻值	OFF	11—4	1.0~1.3 kΩ
右前轮转速传感器电阻值	OFF	18—3	1.0~1.3 kΩ
左后轮转速传感器电阻值	OFF	2—10	1.0~1.3 kΩ
右后轮转速传感器电阻值	OFF	1—17	1.0~1.3 kΩ
左前轮转速传感器输出电压	OFF	11—4	3.4~14.8 mV
右前轮转速传感器输出电压	OFF	18—3	3.4~14.8 mV
左后轮转速传感器输出电压	OFF	2—10	>12.2 mV
右后轮转速传感器输出电压	OFF	1—17	>12.2 mV
传感器输出电压比		最高峰值电压/最低峰值电压≤2	
车型识别	OFF	6—22	0~1.0 Ω

2. 压力开关的检修

在检修压力开关时，应断开点火开关，并将线束插头插接到电控单元插座上。

（1）制动系统泄压：踩下、放松制动踏板25次以上，使系统中的液压降低。

（2）从压力开关上拆下电缆插头。

（3）用欧姆表测量插座上各端子间的电阻值。如图3-33所示，端子3与5之间的电阻应为无穷大；端子1与4之间的电阻应为0Ω。否则，更换压力开关。

（4）将压力开关配线插头接到插座上，关闭点火开关，油泵会工作。待油泵停止后，再断开点火开关。

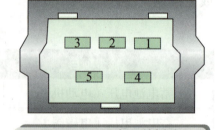

图3-33 压力开关插头

（5）按步骤（3）的方法，检测三处的电阻值。端子3与5之间的电阻应为0Ω；端子1与4、端子1与2之间的电阻应为无穷大。否则，更换压力开关。

（6）闭合点火开关，拆下压力开关配线插头。用电压表测试插头各端子与地之间的电压值，电压表负极表笔搭铁。

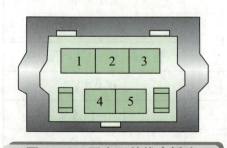

图3-34 压力开关线束插头

如图3-34所示，端子1与地、端子3与地之间的电压应为0 V；端子2与地、端子4与地之间的电压应为蓄电池电压；端子5与地之间的电压应在4 V以上。如果正极表笔与端子5搭接时电压表读数是0 V，表明电控单元已判定ABS存在故障。当ABS正常时，闭合点火开关，控制器将向端子5供给蓄电池电压，而系统存在故障时不再供给蓄电池电压。

（7）断开点火开关，测试端子1与地之间的电阻值，欧姆表读数应为0 Ω，否则表明压力开关配线接地不良，应检修。

3. 液位开关的检修

检查主缸储液罐的制动液量。然后进行下述检修。

（1）断开点火开关，给制动系统泄压。

（2）从液位开关配线插座上拆下配线插头。使用欧姆表在插座上测量两端子之间的电阻值，如图3-35所示。将液位开关浸入制动液时，欧姆表读数为无穷大；将液位开关移出制动液时，欧姆表读数还为无穷大。否则应更换液位开关。

（3）闭合点火开关，解除驻车制动，用电压表测试配线插头，如图3-36所示。端子1与地之间的电压应为4 V；端子2与地之间电压应为0 V。如电压不正常，则表明配线发生断路现象，应更换。

图3-35　液位开关插头

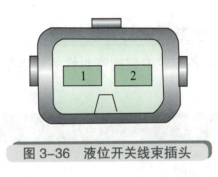

图3-36　液位开关线束插头

4. 主继电器的检修

（1）将点火开关断开。

（2）在保持主继电器线束插头与主继电器插接的情况下（见图3-37），将测试灯的线夹搭铁，将测试灯的探头从主继电器线束插头后部与其端子1搭接。

（3）接通点火开关，主继电器应当发出"咔嗒"声，测试灯也应点亮。

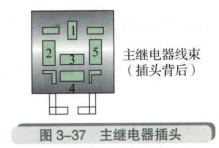

图3-37　主继电器插头

（4）将点火开关断开。

（5）仍然保持主继电器线束插头与主继电器插接。将欧姆表的一个表笔搭铁，将另一个表笔搭接在主继电器插头的端子1，将点火开关断开，主继电器将处于非激励状态，端子1应该接地，欧姆表的读数应该是0 Ω。

（6）将点火开关接通。

（7）仍然保持线束插头与主继电器插接，将电压表的负极表笔搭铁，将电压表的正极表笔分别与继电器的5个端子搭接。电压表正极表笔与端子1搭接时，电压表的读数应在3 V

以上；与端子2搭接时，电压表的读数应在8 V以上；与端子3和5搭接时，电压表的读数应是0 V；与端子4搭接时，电压表的读数应该等于蓄电池电压。如果电压表的正极表笔与各端子搭接时的读数都正常，进行步骤（8）。

如果电压表在其正极表笔与主继电器端子2搭接时的读数是0 V，说明电控单元已判定ABS存在故障，不再向主继电器端子2供给蓄电池电压，因此，应对系统进行检测，如果在系统检测中没有发现故障，应更换电控单元。

（8）断开点火开关，将欧姆表的一个表笔搭铁，另一个表笔分别搭接在线束插头端子3和2，由于这两端子都接地，因此欧姆表的读数应该是0 Ω。

如果欧姆表的读数不正常，或者在本项检测步骤（7）中的电压表读数不正常，应检查与相应端子相连的配线，如果发现断路，应对其进行修理。

如果在本项检测步骤（7）中，在电压表的正极表笔与主继电器的端子1搭接时，电压表的读数是0 V，应检查主继电器端子1至电控单元间配线的通断情况，如果发现断路，应该进行修理；如果配线完好，则应更换电控单元。

5. 电磁阀密封性的检查

对各车轮电磁阀密封性的检查如表3-5所示，如结构与标准值不符，则应进行更换。

表3-5　电磁阀密封性的检查

检查项目	点火开关位置	操作	标准值	备注
左前轮进油阀及出油阀的密封性	ON	踩踏板	左前轮无法转动时，踏板不下沉	出油阀检查
	ON（两阀和液压泵同时通电）	踩踏板	左前轮可自由转动时，踏板不下沉	进油阀检查
右前轮进油阀及出油阀的密封性	ON	踩踏板	右前轮无法转动时，踏板不下沉	出油阀检查
	ON（两阀和液压泵同时通电）	踩踏板	右前轮可自由转动时，踏板不下沉	进油阀检查
左后轮进油阀及出油阀的密封性	ON	踩踏板	左后轮无法转动时，踏板不下沉	出油阀检查
	ON（两阀和液压泵同时通电）	踩踏板	左后轮可自由转动时，踏板不下沉	进油阀检查
右后轮进油阀及出油阀的密封性	ON	踩踏板	右后轮无法转动时，踏板不下沉	出油阀检查
	ON（两阀和液压泵同时通电）	踩踏板	右后轮可自由转动时，踏板不下沉	进油阀检查

五、丰田部分车型 ABS 的检测与故障诊断方法

丰田轿车带 TRC 的 ABS 主要由 ECU、4 个车轮转速传感器、油泵、三位电磁阀等组成，其系统控制电路如图 3-38 所示。

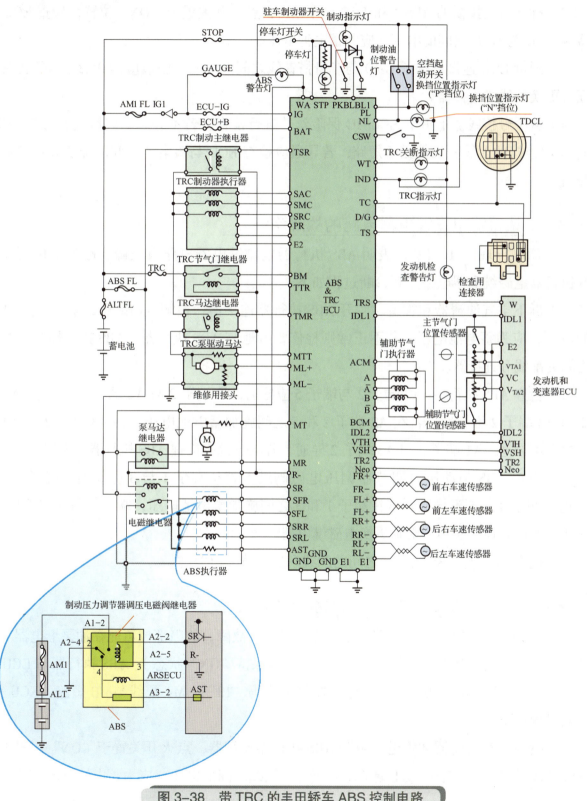

图 3-38　带 TRC 的丰田轿车 ABS 控制电路

1. IG 电源电路的故障诊断

若故障码出现"41",表明 IG 电源电路有故障,故障部位可能在蓄电池、充电电路、蓄电池与 ECU 及 ECU 与车身搭铁线之间的配线或连接器。其诊断过程如下。

(1)首先检查蓄电池电压,应在 10~14 V 范围内,否则应检修充电系统。

(2)拆下带连接器的 ABS(和 TRC)的 ECU,点火开关置于"ON"位置,检查 ECU 连接器端子 IG 与 GND 之间的电压,应为蓄电池电压。

(3)测量 ECU 连接器端子 GND 与车身搭铁线之间的电阻,阻值应为 0 Ω,若不正常则修理或更换配线或连接器。

(4)从 1 号接线盒上拆下 ECU-IG 保险丝并进行检查,若不导通,应检查所有与 ECU-IG 保险丝连接的配线、元件是否短路;若导通应检查 ECU 与蓄电池之间的配线和连接器是否开路。

2. ABS 执行器电磁继电器电路的故障诊断

若故障码出现"11、12",表明 ABS 执行器电磁继电器电路有故障,故障部位可能在 ABS 执行器电磁继电器电路。其诊断过程如下。

(1)拆下空气滤清器和管道,脱开 ABS 执行器连接器,检测 A1 端子 2 与 A2 端子 4 之间的电压,应为蓄电池电压。若不正常则检修蓄电池与 ABS 执行器、ABS 执行器与车身搭铁之间的配线和连接器。

(2)检查 ABS 执行器:A2 端子 2 与端子 5 应导通;A3 端子 2 与 A2 端子 4 应导通;A1 端子 2 与 A3 端子 2 不导通。若在 A2 端子 2 和 5 之间施加蓄电池电压,则 A3 端子 2 与 A2 端子 4 之间不导通,A1 端子 2 与 A3 端子 2 导通。若不正常应检查 ABS 执行器继电器。

(3)检查 ABS 制动压力调节器调压电磁阀继电器:端子 1 与 3 应导通;端子 2 与 4 应导通;端子 4 与 5 不导通。若在端子 1 和 3 之间施加蓄电池电压,端子 2 与 4 应不导通,端子 4 与 5 应导通。若不正常则更换电磁继电器。

(4)检查 ECU 与 ABS 执行器之间的配线和连接器、ECU 等。

3. ABS 执行器油泵继电器电路的故障诊断

若故障码出现"13、14",表明油泵继电器电路有故障,故障部位可能在油泵继电器(代码"13"表示保持"OFF"状态,代码"14"表示保持"ON"状态)、ABS 执行器与 ECU 之间的配线或连接器 MR、MT 配线开路或短路(代码"13")、MT 配线与 +B 短路、ECU 等。其诊断过程如下。

(1)拆下空气滤清器和管道,脱开 ABS 执行器连接器,点火开关置于"ON"位置,测量 ABS 执行器配线侧连接器 A1 端子 1 与车身搭铁线之间的电压,应为蓄电池电压,若不正常则检修蓄电池与执行器之间、执行器与搭铁线之间的配线和连接器。

（2）检查 ABS 执行器连接器：A2 端子 1 与 5 应导通；A1 端子 1 与 A3 端子 3 不导通。在 A2 端子 1 和 5 之间施加蓄电池电压，A1 端子 1 与 A3 端子 3 应导通。若不正常则检查油泵继电器。

（3）检查 ABS 油泵继电器：端子 1 与 2 应导通；端子 3 与 4 应导通；在端子 1 与 2 之间施加蓄电池电压，端子 3 和 4 应导通。若不正常则更换油泵继电器。

（4）检查 ECU 与 ABS 执行器之间的配线和连接器，检修 ECU。

4. ABS 执行器电磁阀电路的故障诊断

若故障码出现"21、22、23、24"，表明 ABS 执行器电磁阀电路有故障，故障部位可能在 ABS 执行器、执行器与 ECU 之间的配线或连接器、ECU 等。其诊断过程如下。

（1）拆下空气滤清器和管道，脱开 ABS 执行器连接器，点火开关置于"ON"位置，测量执行器配线侧连接器 A1 端子 2 和 A2 端子 4 之间的电压，应为蓄电池电压，否则应检修蓄电池与执行器之间、执行器与车身搭铁之间的配线和连接器。

（2）分别检查执行器连接器端子 2 与端子 1、4、5、6 之间是否导通，若不导通则更换 ABS 执行器。

（3）检查 ECU 与 ABS 执行器之间的配线和连接器、ECU 等，若不正常应维修或更换。

5. ABS 油泵电路的故障诊断

若故障码出现"51"，表明 ABS 油泵电路有故障，故障部位可能在 ABS 执行器、ABS 执行器托架、ECU 等。其诊断过程如下。

（1）拆下进气管道，脱开 ABS 执行器连接器 A3，检查 A3 端子 3 与车身搭铁线之间是否导通，若导通（正常），则更换 ABS 执行器。

（2）若 A3 端子 3 与搭铁线之间不导通（不正常），应检修 ABS 执行器与车身搭铁线之间的连接器。

6. 车速传感器电路的故障诊断

若故障码出现"31、32、33、34、35、36"，表明车速传感器电路有故障，故障部位可能在各车速传感器、传感器与 ECU 之间的配线或连接器、ECU 等。其诊断过程如下。

（1）检测车速传感器。前、后轮车速传感器连接器端子 1 与 2 之间的电阻应为 0.9~1.3 kΩ，端子 1、2 与车身搭铁线之间的电阻应为 ∞，若不正常应更换车速传感器。

（2）检查 ECU 与各车速传感器之间的配线和连接器，若不正常则维修或更换。

（3）拆下前、后车速传感器，检查传感器转子有无损伤、缺齿现象，并检查安装情况，若不正常则更换车速传感器或转子。

7. ABS制动报警灯电路的故障诊断

ABS制动报警灯不亮或常亮，均表明ABS制动报警灯电路有故障。

ABS制动报警灯不亮的诊断过程如下。

（1）检查组合仪表，若不正常则更换灯泡或组合仪表总成。

（2）拆下空气滤清器和管道，脱开执行器连接器，将万用表正表棒接连接器A2的端子6，负表棒接端子4，检查端子4与6之间是否导通。若导通（正常），应检查组合仪表与执行器之间、执行器与车身搭铁之间的配线和连接器，若不导通，则检查执行器电磁继电器。

（3）从ABS执行器上拆下电磁继电器，检查各端子的导通情况。端子1与3应导通，端子2与4应导通，端子4与5应不导通。在端子1与3之间施加蓄电池电压，端子2与4应不导通，端子4与5应导通。若不正常则更换继电器，若正常则更换ABS执行器。

ABS报警灯常亮的诊断过程如下。

（1）脱开连接器，检查ABS报警灯。

（2）若输出故障码，则按故障码提示进行诊断和维修。

（3）若报警灯一直亮，则检查ECU与报警灯、ECU与连接器之间的配线和连接器、ECU等，若不正常则修理或更换。

（4）若报警灯不亮，则检查ABS执行器连接器A2的端子4、6的导通情况，若正常则检修相应的配线和连接器，若不正常则检修或更换ABS电磁继电器、ABS执行器。

8. 传感器电路的故障诊断

（1）测量诊断用连接器内端子TS和E1之间的电压，应为10 V左右。

（2）检查ECU与连接器之间、连接器与车身搭铁之间的配线，以及连接器、ECU等，若不正常则维修或更换。

六、本田部分车型ABS的检测与故障诊断方法

本田某车系电控ABS控制电路如图3-39所示。

项目三 电控防抱死制动系统的检修

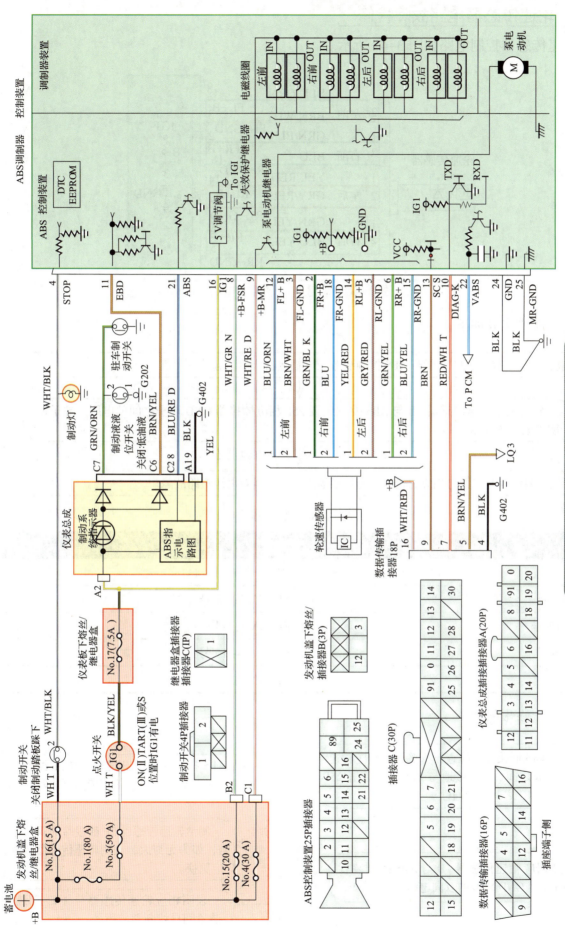

图 3-39 本田某车系 ABS 控制电路

1. 轮速传感器电路故障检修

轮速传感器控制电路如图3-40所示。

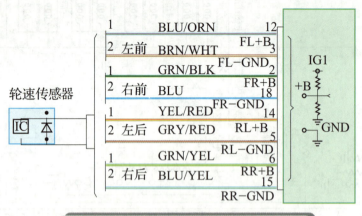

图3-40 轮速传感器控制电路

电压检修步骤如下。

> 将点火开关置于OFF，断开ABS控制装置25P插接器，然后起动发动机。

> 分别测量轮速传感器+B与ABS控制装置25P相应插接器GND端子之间的电压。端子说明如表3-6所示。

> 是蓄电池电压

> 维修ABS控制装置与相应的轮速转速传感器之间的导线对电源短路故障。

表3-6 端子说明

相应端子	
+B	GND
FR+B：2号	FR-GND：18号
FL+B：12号	FL-GND：3号
RR+B：6号	RR-GND：15号
RL+B：14号	RL-GND：5号

导线检修步骤如下。

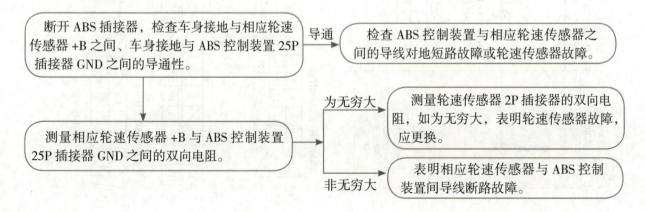

2. 指示灯电路检修

指示灯电路如图 3-41 所示，包括有 ABS 指示灯和制动系统指示灯电路。

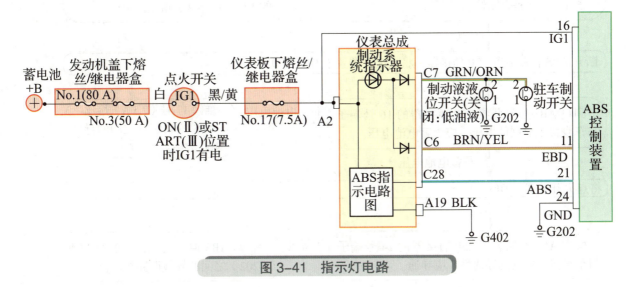

图 3-41 指示灯电路

1) ABS 指示灯电路故障检修

（1）ABS 指示灯不亮。

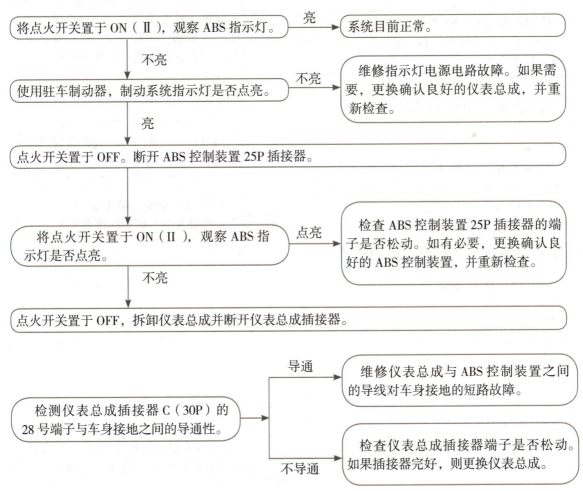

（2）ABS 指示灯不熄灭，未存储 DTC。

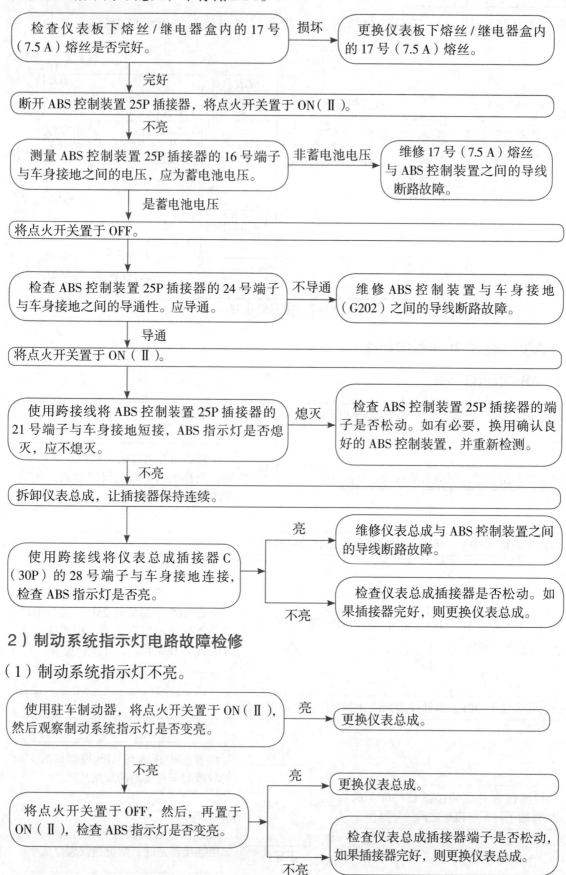

2）制动系统指示灯电路故障检修

（1）制动系统指示灯不亮。

（2）制动系统指示灯不熄灭，未存储DTC。

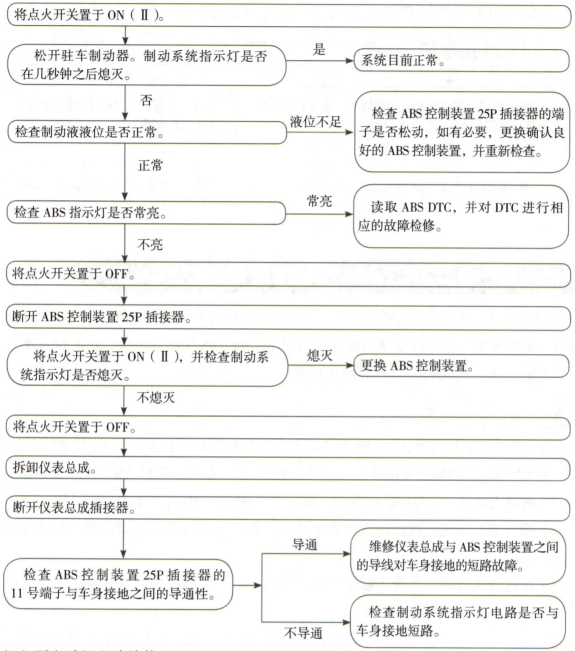

（3）泵电动机电路检修。

泵电动机控制电路如图3-42所示。泵电动机电路检修步骤如下。

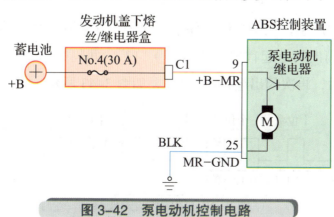

图3-42　泵电动机控制电路

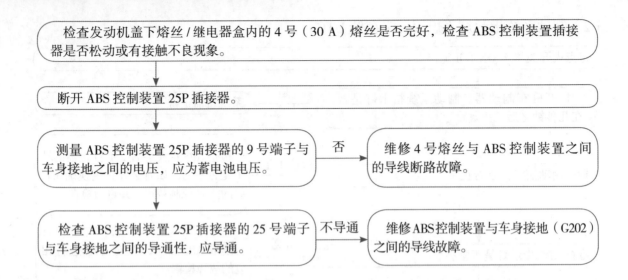

七、日产部分车型ABS的检测与故障诊断方法

典型日产轿车电控防抱死制动系统，主要由车辆速度传感器、电磁阀继电器、油泵马达继电器、ABS电脑、ABS执行器和设置在仪表板上的ABS检测灯组成。该电控系统具有故障自我诊断功能。下面介绍其自我诊断的方法。

1. 故障代码的读取

汽车行驶中，若仪表板上的ABS警告灯点亮，即表明ABS电脑检测到电控系统产生故障。这时，可用跨接线将诊断盒插接器上的L脚与地（搭铁）短接，读取故障代码，其方法如下。

（1）起动发动机，预热后起步行车，并以30 km/h以上的速度行驶1 min以上。

（2）断开点火开关，使发动机熄火停转，使用跨接线将诊断盒插接器的L脚与地（搭铁）短接。

（3）接通点火开关，不踩下制动踏板，等待3~6 s后ABS警告灯开始闪烁，显示故障代码。

故障代码由二位数组成，用ABS警告灯的闪烁次数、先后次序和间隔时间来识别。

最先闪出的是十位数（亮灭时间间隔0.4 s），间隔1.6 s后，再闪出个位数（亮灭时间间隔0.4 s）。

若有几种故障同时产生，最多只能存储3个代码，并且到最后产生的故障，最先显示其代码。显示时，最先闪出的是起首码（正常码）"12"，间隔3.6 s后，开始显示故障码，待最多3个故障码显示后，再次闪出起首码"12"，如图3-43所示。

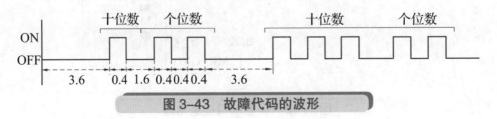

图3-43　故障代码的波形

2. 故障代码的使用

（1）根据所读取的故障代码，在表3-7所列的故障代码表中查找故障部位和原因。

表3-7 故障代码表

代码	故障部位及原因	代码	故障部位及原因
45	左前执行器电磁阀接触不良	32	右后传感器接触不良或短路
41	右前执行器电磁阀接触不良	18	传感器转子接触不良
55	后执行器电磁阀接触不良	61	执行器马达或马达继电器接触不良
25	左前传感器接触不良或开路	63	电磁阀继电器接触不良
26	左前传感器接触不良或短路	57	电源电压过低
21	右前传感器接触不良或开路	16	制动灯开关线路开路或短路
22	右前传感器接触不良或短路	71	ABS电脑接触不良
35	左后传感器接触不良或开路	警告灯灭	警告灯灯泡损坏
36	左后传感器接触不良或短路	警告灯亮而不闪	电磁阀继电器卡滞或ABS电脑电源电路开路或短路
31	右后传感器接触不良或开路		

（2）按照故障代码表中给出故障部位、原因和步骤，检查并排除故障。

3. 故障代码的清除

（1）断开点火开关，取下诊断盒插接器脚L与地（搭铁）间的跨接线。

（2）在12.5 s内，间隔1 s以上，用导线将插接器的脚L接地（搭铁）3次，并查看ABS警告灯是否熄灭，若ABS警告灯熄灭，表明故障代码已全部清除。

（3）起步行车，以30 km/h以上的速度行驶1 min以上，查看并确认ABS警告灯不再闪烁。

（4）按前述步骤，再次进行自我诊断，并确认无故障码输出。

相关技能

1. 实训内容

ABS的检修。

2. 准备工作

（1）带ABS的轿车1辆。

（2）准备相关器材（如：解码器、拆装工具等）。

（3）准备相关车型维修手册

3. 注意事项

（1）如果 ABS 警告灯和制动警告灯不亮，但制动效果仍不理想，则可能是系统放气不干净或在常规的制动系中存在故障。

（2）维修 ABS 前，应先读取故障代码，以确定故障原因。如装上新的液压控制单元，应检查其编码是否与原车一样。

（3）拔下 ABS 插头之前，必须关闭点火开关。

（4）开始修理前，应关闭点火开关，查取收录机防盗码并断开蓄电池搭铁线。

4. 操作步骤

ABS 故障诊断的一般操作步骤如图 3-44 所示。

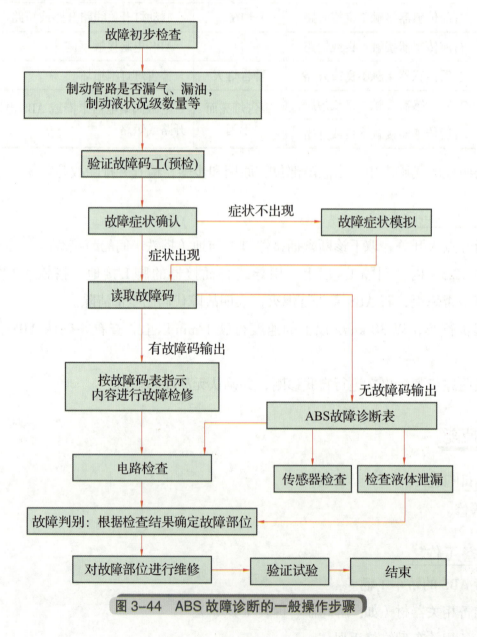

图 3-44　ABS 故障诊断的一般操作步骤

5. 技能总结

　　_____
　　_____
　　_____
　　_____
　　_____

思考与练习

一、填空题

1. 制动时，车轮完全滑动，此时滑移率为_____。
2. 防抱死系统是现代汽车_____安全性能的必备系统。
3. ABS 的控制过程就是_____各个车轮制动油压的过程。
4. 保压阶段，进油电磁阀_____，出油电磁阀_____。
5. 液压控制单元的蓄压器的作用是_____。
6. _____是 ABS 的控制中心，它的本质是_____，一般有_____微处理器。
7. 轮速传感器主要由_____和_____组成。
8. ABS 的轮速传感器主要有_____和_____轮速传感器。

二、判断题

1. 在可变容积式压力调节器中，常规制动时，电磁线圈无电流通过。（　　）
2. ABS 排气时间要比普通系统短，消耗的制动液也少。（　　）
3. 制动压力调节器的功用是接受 ECU 的指令，通过电磁阀的动作来实现车轮制动器制动压力的自动调节。（　　）
4. 评价制动性能的指标主要有制动性能和制动稳定性。（　　）
5. 当车辆高速转弯时，后轮抱死，车辆会失去转向能力。（　　）
6. ABS 工作时，刹车踏板会有抖动现象。（　　）

三、选择题

1. 汽车后轮上的轮速传感器一般固定在后车轴支架上，转子安装于（　　）。
   A. 车架　　　　B. 轮毂　　　　C. 驱动轴　　　　D. 车轮转向架

2. 当出油阀打开，进油阀关闭时ABS控制在（　　）。
   A. 保压阶段　　　B. 升压阶段　　　C. 减压阶段　　　D. 以上都不对

3. ABS进入升压阶段时（　　）。
   A. 进油阀关闭，出油阀关闭　　　　B. 进油阀打开，出油阀打开
   C. 进油阀关闭，出油阀打开　　　　D. 进油阀打开，出油阀关闭

4. 关于ABS下列说法不正确的是（　　）。
   A. 制动时，转动方向盘，会感到转向盘有轻微的振动。
   B. 制动时，制动踏板会有轻微下沉。
   C. 制动时，ABS继电器不断地动作，这也是ABS正常起作用的正常现象。
   D. 装有ABS的汽车，在制动后期，不会出现车轮抱死现象。

四、问答题

1. ABS理想的控制过程是什么？
2. ABS的工作原理是什么？
3. 当ABS液压回路中渗入空气，会引起制动系统哪些故障？

项目四
电控驱动防滑控制系统的检修

> **项目描述**
>
> 电控驱动防滑控制系统，也称牵引力控制系统，简称"TCS"或"TRC"，有的车系称为"ASR"，顾名思义是防止驱动轮加速时打滑的控制系统，其作用是防止车辆尤其是大功率车在起步、加速情况下驱动打滑的现象，以维持车辆行驶的方向和稳定性，保持好的操控及最佳的驱动力，达到良好的行车安全。
>
> ASR 是在 ABS 的基础上扩充而来，两者是相辅相成的。ABS 是防止汽车在制动时车轮抱死，这样仍然可以对汽车进行转向和操纵控制。ASR 可以阻止汽车在加速时驱动轮高速回转，从而更好地利用地面附着力。

任务一　ASR 结构与工作原理认知

任务目标

完成本学习任务后，学生在基础知识和基本技能方面应达到以下要求。

知识目标

（1）了解 ASR 的功用。

（2）掌握 ASR 的基本组成及工作原理。

能力目标

(1) 能正确分析 ASR 电路。

(2) 能正确分析 ASR 各元件的工作过程。

任务引入

ASR 和 ABS 有许多共同之处，都是对车轮滑转率进行控制、都需要轮速传感器信号等，因此二者通常组合在一起，构成具有制动防抱死和驱动防滑功能的防滑控制系统（ABS/ASR）。目前大部分车型上都装有防滑控制系统。

相关知识

一、ASR 的基本组成和工作原理

1. ASR 的基本组成

ASR 汽车驱动防滑系统的作用是防止汽车加速过程中打滑，特别是防止汽车在非对称路面或转弯时驱动轮的空转。

同 ABS 一样，ASR 也是由电控单元（ECU）、输入信号元件、输出执行元件组成。ASR 中的电控单元可以是独立的，也可以与 ABS 共用；轮速传感器可与 ABS 共用，制动压力调节器也可以共用。因此通常将 ASR 和 ABS 组合在一起，图 4-1 为 ABS 和 ASR 的组合电路。

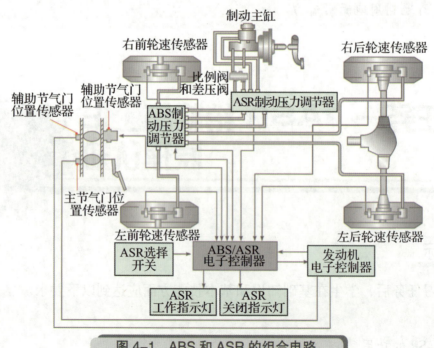

图 4-1　ABS 和 ASR 的组合电路

2. ASR 的工作原理

当驱动防滑系统处于工作状态时，电控单元根据各轮速传感器检测到的转速信号，确定驱动车轮的滑转率和汽车的参考速度。当电控单元判定驱动车轮的滑转率超过设定的限值时，就使驱动副节气门的步进电动机转动，减小副节气门的开度。此时，即使主节气门的开度不变，发动机的进气量也会因副节气门开度的关小而减少。如果驱动车轮的滑转率仍未降低到设定的控制范围内，电控单元又会控制 ASR 制动压力调节器和 ABS 制动压力调节器，对驱动车轮施加一定的制动压力，则驱动车轮上就会作用一制动力矩，从而使驱动车轮的转速降低。

二、ASR 主要部件的结构和工作原理

1. ASR 电控单元

因 ASR 和 ABS 的一些信号输入和处理都是相同的，为了减少电子器件的应用数量，使结构更紧凑，ABS 和 ASR 的电控单元通常组合在一起，如图 4-2 所示。

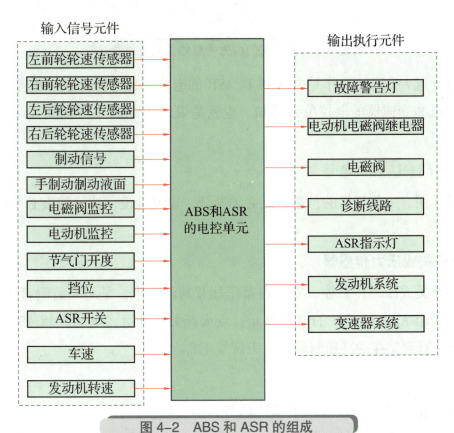

图 4-2 ABS 和 ASR 的组成

ABS 和 ASR 的电控单元将 ABS 和 ASR 的控制功能结合为一体，用所输入的 4 个车轮轮速传感器的轮速信号，计算车轮空转情况和路面状态，用以减小发动机转矩和控制车轮制动力，从而控制车轮轮速。

2. 输入信号元件

有些部件（如4个车轮轮速传感器）既用于 ABS，又用于 ASR。下面仅介绍用于 ASR 的输入信号元件。

1）副节气门位置传感器

副节气门位置传感器安装在副节气门轴上，将副节气门开度转换为电压信号，并将这一信号经发动机和变速器的电控单元发送至 ABS 和 ASR 的电控单元。副节气门位置传感器的安装位置如图 4-3 所示。

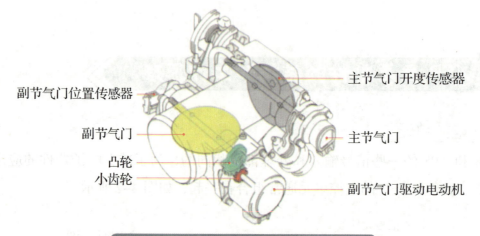

图 4-3　副节气门位置传感器的安装位置

副节气门开起/关闭的动作是由 ABS 和 ASR 的电控单元来操作的，但副节气门的开度信号却由发动机和变速器的电控单元感知。也就是说，在 ASR 工作期间，两电控单元要一起协调工作。

2）主节气门怠速触点信号

ASR 要起作用，主节气门的怠速触点必须断开，也就是说，油门踏板必须踩下，汽车处于加速状态。

3）压力开关或压力传感器

压力传感开关或压力传感器，安装在蓄压器及其油路中，是用来监测蓄压器中的压力，将这一信息发送至 ABS 和 ASR 的电控单元。点火开关打开后，电脑控制 ASR 电动机工作，给蓄压器加压，直到储存的高压制动液压力恢复正常。

4）挡位开关

挡位开关根据换挡杆的位置产生挡位信号，但只将换挡杆"P"或"N"信号输入 ABS 和 ASR 的电控单元。当电脑感知挡位在"P"或"N"位置时，ASR 功能不起作用。

5）ASR 开关

ASR 开关是 ASR 专用的信号输入装置，关闭 ASR 开关，则可停止 ASR 的作用。如在汽车维修中需要将汽车驱动车轮悬空转动时，ASR 就可能对驱动车轮施以制动，影响故障的检查，这时，关闭 ASR 开关，停止 ASR 作用，可避免这种影响。

3. 输出执行元件

1）副节气门执行器

副节气门执行器安装在节气门体上。ASR 工作期间，ABS 和 ASR 的电控单元通过控制副节气门执行器来控制副节气门的开度，从而控制发动机的输出功率。

副节气门执行器是由永久磁铁、线圈和转子轴组成的步进电动机，由 ABS 和 ASR 的电控单元控制转动，如图 4-4 所示。在转子轴末端安装用一小齿轮，使安装在副节气门轴末端的凸轮轴齿轮转动，从而控制副节气门开度。

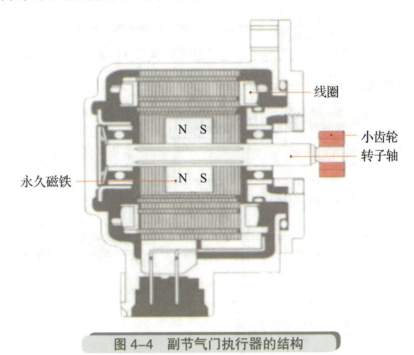

图 4-4　副节气门执行器的结构

如图 4-5 所示，当 ASR 不工作时，副节气门完全打开，对发动机的工作没有影响；当 ASR 部分工作时，副节气门打开一定角度；当 ASR 完全工作时，副节气门完全关闭。

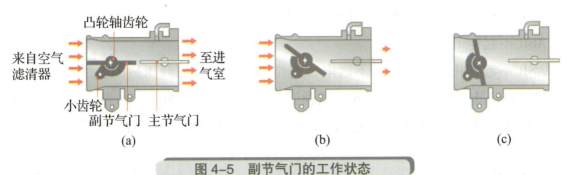

图 4-5　副节气门的工作状态

（a）ASR 不工作（副节气门全开）；（b）ASR 部分工作（副节气门打开 50%）；
（c）ASR 完全工作（副节气门全闭）

2）ASR 制动压力调节器

制动压力调节器执行 ASR 电控单元的指令，对滑转车轮施加制动力并控制大小，以使滑转车轮的滑动率控制在目标范围之内。ASR 制动压力源是蓄压器，通过制动压力调节器中的电磁阀来调节驱动车轮制动压力的大小。

ASR 制动压力调节器的结构形式有独立式和组合式。

（1）独立式 ASR 制动压力调节器。

独立式 ASR 制动压力调节器和 ABS 制动压力调节器在结构上各自分开，通过液压管路互相连接，如图 4-6 所示。

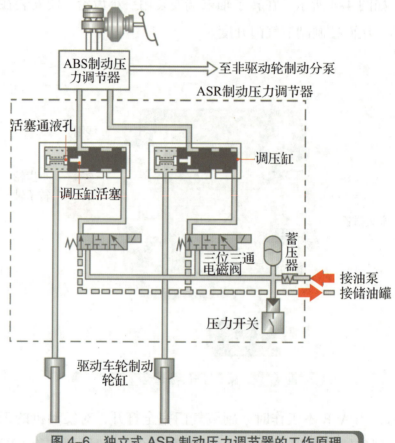

图 4-6　独立式 ASR 制动压力调节器的工作原理

独立式 ASR 制动压力调节器工作原理如下。

① ASR 不起作用。

在 ASR 不起作用时，电磁阀不通电，阀位于左侧位置，调压缸的右腔与储液器相通，由于右腔压力较低，调压缸的活塞被复位弹簧推到右边极限位置，ABS 制动压力调节器与驱动车轮的制动轮缸与调压缸左腔连通。因此，ASR 不起作用时，对 ABS 无任何影响。

② 轮缸增压。

当驱动车轮出现滑转而需要对驱动车轮实施制动时，ASR 电控装置输出控制信号，使电磁阀线圈通电而移至右侧位置。此时调压缸右腔与储液室隔断而与蓄压器连通，蓄压器内具有一定压力的制动液推动调压缸的活塞左移，切断 ABS 制动压力调节器与驱动车轮制动轮缸之间的液压通道。同时随调压缸活塞左移压缩左腔内的制动液，使调压缸左腔和驱动车轮制动轮缸内的制动压力增大。

③轮缸保压。

当需要保持驱动车轮的制动压力时，电控装置使电磁阀半通电（最大电流的一半），阀处于中间位置，调压缸与储液器和蓄压器的液压通道均被切断，于是，调压缸活塞保持原位置不动，使驱动车轮制动轮缸内的制动压力保持不变。

④轮缸减压。

当需要减小驱动车轮的制动压力时，电控装置使电磁阀断电，阀在复位弹簧力的作用下回到左侧位置，调压缸右腔与蓄压器隔断而与储液器连通。于是，调压缸右腔压力下降，其活塞在复位弹簧作用下右移，调压缸左腔和驱动车轮制动轮缸内的制动压力下降。

（2）组合式 ASR 制动压力调节器。

组合式 ASR 制动压力调节器是指 ASR 与 ABS 制动的压力调节器在结构上组合为一个整体，也称 ABS/ASR 制动压力调节器，如图 4-7 所示。

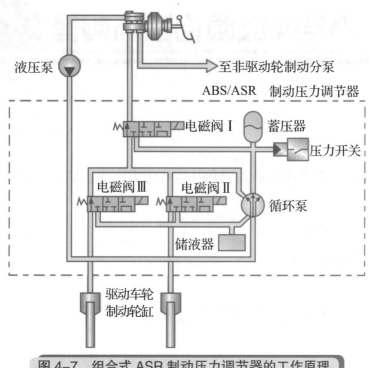

图 4-7 组合式 ASR 制动压力调节器的工作原理

组合式 ASR 制动压力调节器工作原理如下。

① ASR 不起作用。

在 ASR 不起作用时，电磁阀 Ⅰ 不通电。汽车在制动过程中，如果车轮出现抱死现象，则 ABS 起作用，通过控制电磁阀 Ⅱ 和电磁阀 Ⅲ 来调节制动压力。

②轮缸增压。

当驱动车轮出现滑转时，ASR 电控装置使电磁阀 Ⅰ 通电，阀移至右侧位置，电磁阀 Ⅱ 和电磁阀 Ⅲ 不通电，阀处于左侧位置，于是蓄压器的压力油进入驱动车轮制动轮缸，轮缸制动压力增大。

③轮缸保压。

当需要保持驱动车轮轮缸的制动压力时，ASR 电控装置使电磁阀Ⅰ半通电，阀移至中间位置，切断蓄压器与制动轮缸的通道，则驱动车轮制动轮缸的制动压力保持不变。

④轮缸减压。

当需要减小驱动车轮的制动压力时，ASR 电控装置给电磁阀Ⅱ和电磁阀Ⅲ通电，电磁阀Ⅱ和电磁阀Ⅲ移至右侧位置，将驱动车轮制动轮缸与储液器连通，驱动车轮制动轮缸的压力降低。

如果需要对左右驱动车轮的制动压力实施不同的控制，ASR 电控装置则分别对电磁阀Ⅱ和电磁阀Ⅲ实施不同的控制。

任务二　ASR 故障诊断与检修

任务目标

完成本学习任务后，学生在基础知识和基本技能方面应达到以下要求。

知识目标

（1）掌握 ASR 故障检修方法。

（2）熟悉 ASR 故障检修步骤。

能力目标

（1）能根据电路图及故障代码分析故障产生原因。

（2）会检修 ASR 元件。

任务引入

如果任何信号系统发生故障，ASR 组合仪表中的指示灯将亮起并提醒驾驶员发生了故障。故障代码储存在 ASR 的 ECU 中，这时可以用解码器将 ASR 的 ECU 中的故障代码读取并分析，将故障排除。

一、ASR 故障检修步骤

1. 初步检查

在 ABS 和 ASR 出现故障而不能正常工作时，首先应进行初步检查。检查内容如下。

（1）检查蓄电池的电压和容量是否在规定范围内，蓄电池正、负极柱的导线连接是否牢固可靠。

（2）检查与电控系统相接的熔断器和继电器是否正常，插接是否牢固。

（3）检查驻车制动是否完全释放。

（4）检查制动主缸液面高度是否符合规定。

（5）检查电控单元的插脚与插座是否有松动或接触不良现象。

（6）检查下列导线和连接器连接、接触是否良好：

①液压调节器上的电磁阀连接器；

②液压调节器主控制阀连接器；

③压力警告开关和压力控制开关的连接器；

④制动液面高度指示开关的连接器；

⑤所有车轮速度传感器的连接器，对于四轮驱动汽车还有横向加速传感器连接器；

⑥电动油泵连接器。

（7）检查电控单元、液压控制装置的搭铁端是否良好。

（8）检查汽车轮胎花纹深度是否符合规定。

通过初步检查不能确定装置故障，需进行其他诊断和检查。

2. 系统故障自诊断

现代汽车电控系统都有故障自诊断功能，可以把系统电控装置出现的故障用故障码的形式存储在电控单元的存储器中，维修人员可以通过仪表板上的故障指示灯、专用的检测设备或其他方法把故障码调出，以确定故障的原因和部位。

3. 系统各装置的测试和检修

当根据故障码确定故障部位后，或出现故障自诊断系统并不能检测出的故障时，需要维修人员使用专用万用表和其他检测设备进行各部件的电阻、电压等参数的检测，以确定故障的最终部位和原因。

二、ASR 故障检修方法

下面以奥迪轿车为例介绍其 ASR 故障的检修。奥迪 ABS 和 ASR 集成了电子制动力分配（EBV）功能、制动防抱死（ABS）功能、电子差速锁（EDS）功能和驱动防滑调节（ASR）功能于一体。

1. 输入信号元件的检修

该车 ABS 和 ASR 外围的输入信号元件包括：4 个轮速传感器、制动开关和防滑控制开关。轮速传感器、制动开关的工作原理与其他车型是一样的。防滑控制开关电路如图 4-8 所示。

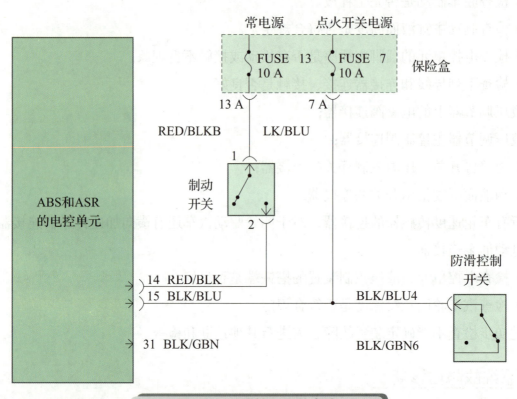

图 4-8　防滑控制开关电路

防滑控制开关是一个普通的开/断开关，分别连接电脑的 15、31 号端子。按下开关，触点断开，31 号端子为低电压；再次按压，开关弹起，触点导通，31 号端子变为高电压。

2. 输出执行元件的检修

用万用表检测执行元件，检测步骤及检测内容如表 4-1 所示。

项目四 电控驱动防滑控制系统的检修

表 4-1 ABS 和 ASR 万用表检测步骤及检测内容

检测步骤	V.A.G1598/20 插孔	检测对象	检测条件和附加工作	规定值	在偏离规定值时应采取的措施
1	5+33	左前进油阀 N101，出油阀 N102	ECU 与液压单元间电气导线正常	9~22 Ω	(1) 检查 ECU 与液压单元间电气导线对正极或接地是否短路 (2) 如果导线正常，则更换液压单元
2	54+26	右前进油阀 N99，出油阀 N100	ECU 与液压单元间电气导线正常	9~22 Ω	(1) 检查 ECU 与液压单元间电气导线对正极或接地是否短路 (2) 如果导线正常，则更换液压单元
3	53+25	左后进油阀 N134，出油阀 N136	ECU 与液压单元间电气导线正常	9~22 Ω	(1) 检查 ECU 与液压单元间电气导线对正极或接地是否短路 (2) 如果导线正常，则更换液压单元
4	6+34	右后进油阀 N133，出油阀 N135	ECU 与液压单元间电气导线正常	12~28 Ω	(1) 检查 ECU 与液压单元间电气导线对正极或接地是否短路 (2) 如果导线正常，则更换液压单元
5[①]	3+55	浮式活塞回路出油阀 N169，推杆活塞回路出油阀 N167	ECU 与液压单元间电气导线正常	12~28 Ω	(1) 检查 ECU 与液压单元间电气导线对正极或接地是否短路 (2) 如果导线正常，则更换液压单元
6[①]	4+27	浮式活塞回路换向阀 N168，推杆活塞回路换向阀 N166	ECU 与液压单元间电气导线正常		
7	9+10[②] 9+10[③] 35+10[④] 36+10[⑤]	左前轮轮速传感器 G47	ECU 与液压单元间电气导线正常	400~2 300 Ω	(1) 检查 ECU 与液压单元间电气导线对正极或接地是否短路 (2) 如果导线正常，则更换相应的轮速传感器
8	15+14 42+14[③]	右前轮轮速传感器 G45			
9	13+12	左后轮轮速传感器 G46			
10	11+38	右后轮轮速传感器 G44			

135

续表

检测步骤	V.A.G1598/20 插孔	检测对象	检测条件和附加工作	规定值	在偏离规定值时应采取的措施
11	2+37	电磁阀继电器 J106	ECU 与液压单元间电气导线正常	30~80 Ω	(1) 检查 ECU 与液压单元间电气导线对正极或接地是否短路 (2) 如导线正常，则更换继电器
12	2+7	油泵继电器 J105	ECU 与液压单元间电气导线正常		(1) 检查 ECU 与液压单元间电气导线对正极或接地是否短路 (2) 如导线正常，则更换继电器
13	跨接 1+2 28+37	左前进油阀 N101 和制动管路连接	(1) 打开点火开关 (2) 跨接 5+28 插孔 (3) 操纵制动踏板，踩住不放 (4) 取消跨接 (5) 松开制动踏板	(1) 用手可转动左前轮 (2) 左前轮抱死	(1) 如车轮抱死。那么检查另外是否有车轮可转动。如果可转动，说明液压制动管路接错。检查制动管路连接和接头。重复检测步骤 13 (2) 如果所有车轮均抱死，说明进油阀的功能被干扰，见故障代码表故障代码 00257
14	跨接 1+2 28+37	右前进油阀 N100 和制动管路连接	(1) 打开点火开关 (2) 跨接 54+28 插孔 (3) 踩住制动踏板 (4) 取消跨接 (5) 松开制动踏板	(1) 用手可转动右前轮 (2) 右前轮抱死	(1) 如车轮抱死。如果可转动，说明液压制动管路接错。管路连接和接头，重复步骤 14 (2) 如果所有车轮均抱死，见故障代码表故障代码 00259
15	跨接 1+2 28+37	左后进油阀 N134 和制动管路连接	(1) 打开点火开关 (2) 跨接 53+28 插孔 (3) 踩住制动踏板 (4) 取消跨接 (5) 松开制动踏板	(1) 用手可转动左后轮 (2) 左后轮抱死	(1) 如车轮抱死。如果可转动，说明液压制动管路接错。管路连接和接头，重复步骤 15 (2) 如果所有车轮均抱死，见故障代码表故障代码 00274
16	跨接 1+2 28+37	右后进油阀 N133 和制动管路连接	(1) 打开点火开关 (2) 跨接 6+28 插孔 (3) 踩下制动踏板 (4) 取消跨接 (5) 松开制动踏板	(1) 用手可转动右后轮 (2) 右后轮抱死	(1) 如可转动，说明液压制动管路连接和接头，检查其他车轮是否可转动。检查管路 (2) 如所有车轮均抱死，见故障代码表故障代码 00273

续表

检测步骤	V.A.G1598/20 插孔	检测对象	检测条件和附加工作	规定值	在偏离规定值时应采取的措施
17[①]	跨接 1+2 7+37 37+28	（1）油泵 （2）EDS 换向阀 （3）EDS 出油阀 （4）液压单元的限压阀 N55 （5）左前出油阀 （6）右后出油阀	（1）在左前制动钳上接上压力表 V.A.G1310A 和放气工具 （2）跨接 3+28 插孔 （3）打开点火开关，最长 10 s，关闭点火开关 （4）跨接 4+28 插孔 （5）打开点火开关，最长 10 s，关闭点火开关 （6）拆下压力表 V.A.G1310A 和放气工具	（1）开关换向阀 （2）油泵 V39 工作 （3）压力表压力最大 500 kPa （4）开关出油阀 （5）前轮驱动车型，(17±2.5) MPa；全轮驱动车型，(9±2.5) MPa	（1）油泵损坏，更换液压单元 （2）用电阻测量法检查换向阀和出油阀，检测步骤 5 和步骤 6。如损坏更换液压单元 （3）限压阀和/或左前出油阀/或右后出油阀损坏，更换液压单元
18	跨接 1+2 7+37 37+28	（1）油泵 （2）EDS 换向阀 （3）EDS 出油阀 （4）液压单元的限压阀 N55 （5）右前出油阀 （6）左后出油阀	（1）在左前制动钳上接上压力表 V.A.G1310A 和放气工具 （2）跨接 55+28 插孔 （3）打开点火开关，最长 10 s，关闭点火开关 （4）跨接 27+28 插孔 （5）打开点火开关，最长 10 s，关闭点火开关 （6）拆下 V.A.G1310A 和放气工具	（1）开关换向阀 （2）油泵 V39 工作 （3）压力表压力最大 500 kPa （4）开关出油阀 （5）前轮驱动车型，(17±2.5) MPa；全轮驱动车型，(9±2.5) MPa	（1）泵损坏，更换液压单元 （2）测量换向阀和出油阀电阻，检测步骤 5 和步骤 6。如损坏更换液压单元 （3）限压阀和/或右前出油阀/或左后出油阀损坏，更换液压单元

注：① 只在装备了 BOSCH 5 ABS/EDS 以及 ASR 的车辆上；
② 只在装备了 BOSCH 5 ABS/EDS 前轮驱动车辆上；
③ 只在装备了 BOSCH 5 ABS/EDS 前轮驱动车辆上；
④ 只在装备了 BOSCH 5 ABS/EDS 全轮驱动车辆上；
⑤ 只在装备了 BOSCH 5 ABS 前轮驱动车辆上。

3. ASR 的故障诊断

ASR 具有故障自诊断功能，借助诊断仪 V.A.G1551 可读取故障码。根据故障码可检查故障原因，对维修很有帮助。表 4-2 为奥迪 A6 轿车 ABS 和 ASR 故障码表。

表 4-2　奥迪 A6 轿车 ABS 和 ASR 故障代码表

故障码	可能的故障原因	故障排除
00000 没有识别出故障	如果出现该显示，自诊断已结束，在故障存储器中没有故障被存储。如果相应的指示灯仍然亮着，检查以下： （1）在车速低于 60 km/h 时，供电电压在 10.5 V 以下 （2）ECU 与仪表盘间指示灯导线断路 如果不能确定故障部位和存在其他地方的故障，说明可能存在机械故障（电磁阀）卡住。通过"万用表检测"诊断故障并进行功能检测	（1）检查 ECU 的电压源 （2）检查导线连接
00257 左前 ABS 进油阀	（1）检查 ECU 的电压源 （2）检查导线连接	（1）"万用表检测"，执行步骤 1+13 （2）"万用表检测"如果没有确定故障位置，检查所有导线和接头是否存在接触不良 （3）如以上措施仍无法确定故障位置，更换 ECU
00259 右前 ABS 进油阀	（1）液压单元与 ECU 间电缆接头中正极的接地的导线断路或短路 （2）ABS 进油阀损坏	（1）"万用表检测"，执行步骤 2+14 （2）"万用表检测"如果没有确定故障位置，检查所有导线和接头是否存在接触不良 （3）如以上措施仍无法确定故障位置，更换 ECU
00265 左前 ABS 出油阀	（1）液压单元与 ECU 间电缆接头中正极的接地的导线断路或短路 （2）ABS 出油阀损坏	（1）"万用表检测"，执行检测步骤 1 （2）"万用表检测"如果没有确定故障位置，检查所有导线和接头是否存在接触不良 （3）如以上措施仍无法确定故障位置，更换 ECU
00267 右前 ABS 出油阀	（1）液压单元与 ECU 间电缆接头中正极的接地的导线断路或短路 （2）ABS 出油阀损坏	（1）"万用表检测"，执行检测步骤 2 （2）"万用表检测"如果没有确定故障位置，检查所有导线和接头是否存在接触不良 （3）如果以上措施仍无法确定故障位置，更换 ECU

续表

故障码	可能的故障原因	故障排除
00273 左前 ABS 出油阀	（1）液压单元与 ECU 间电缆接头中正极的接地的导线断路或短路 （2）ABS 出油阀损坏	（1）"万用表检测"，执行检测步骤 4+16 （2）"万用表检测"如果没有确定故障位置，检查所有导线和接头是否存在接触不良 （3）如以上措施仍无法确定故障位置，更换 ECU
00274 右前 ABS 出油阀	（1）液压单元与 ECU 间电缆接头中正极的接地导线断路或短路 （2）ABS 出油阀损坏	（1）"万用表检测"，执行检测步骤 3+15 （2）"万用表检测"如果没有确定故障位置，检查所有导线和接头是否存在接触不良 （3）如以上措施仍无法确定故障位置，更换 ECU
00275 右后 ABS 出油阀	（1）液压单元与 ECU 间电缆接头中正极的接地的导线断路或短路 （2）ABS 出油阀损坏	（1）"万用表检测"，执行检测步骤 4 （2）"万用表检测"如果没有确定故障位置，检查所有导线与接头是否存在接触不良 （3）如以上措施仍无法确定故障位置，更换 ECU
00276 左后 ABS 出油阀	（1）液压单元与 ECU 间电缆接头中正极的接地的导线断路或短路 （2）ABS 出油阀损坏	（1）"万用表检测"，执行检测步骤 3 （2）"万用表检测"如果没有确定故障位置，检查所有导线和接头是否存在接触不良 （3）如以上措施仍无法确定故障位置，更换 ECU
00283 左前轮轮速传感器对正极断路或短路	（1）齿环变脏或损坏 （2）轮毂轴承间隙过大 （3）轮速传感器安装不正确 （4）轮速传感器损坏 （5）接地短路 （6）ECU 识别码错误 （7）轮速传感器与 ECU 间缆接头中正极的导线断路或短路	（1）检查、清洁或更换齿环 （2）更换轮毂轴承 （3）检查轮速传感器安装位置 （4）"读取测量数据流"显示区 1 "功能检测" （5）"万用表检测"，执行检测步骤 7。如果"读取测量数据流"和"万用表检测"均不能明确故障，检查所有导线和接头是否存在接触不良 （6）检查 ECU 识别码 （7）如以上措施仍无法确定故障位置，更换 ECU

续表

故障码	可能的故障原因	故障排除
00283 右前轮轮速传感器对正极断路或短路	（1）齿轮变脏或损坏 （2）轮毂轴承间隙过大 （3）转速传感器安装不正确 （4）转速传感器损坏 （5）接地短路 （6）ECU 识别码错误 （7）转速传感器与 ECU 间电缆接头中正极的导线断路或短路	（1）检查、清洁或更换齿环 （2）更换轮毂轴承 （3）检查转速传感器安装位置 （4）"读取测量数据流"显示区 2 （5）"万用表检测"，执行检测步骤 8。如果"读取测量数据流"和"万用表检测"均不能明确故障，检查所有导线和接头是否存在接触不良 （6）检查 ECU 识别码 （7）如以上措施仍无法确定故障位置，更换 ECU
00283 右后轮轮速传感器对正极断路或短路	（1）齿环变脏或损坏 （2）轮毂轴承间隙过大 （3）轮速传感器安装不正确 （4）轮速传感器损坏 （5）接地短路 （6）ECU 识别码错误 （7）轮速传感器与 ECU 间电缆接头中正极的导线断路或短路	（1）检查、清洁或更换齿环 （2）更换轮毂轴承 （3）检查转速传感器安装位置 （4）"读取测量数据流"显示区 4 （5）"万用表检测"，执行检测步骤 10。如果"读取测量数据流"和"万用表检测"均不能明确故障，检查所有导线和接头是否存在接触不良 （6）检查 ECU 识别码 （7）如以上措施仍无法确定故障位置，更换 ECU
00283 左后轮轮速传感器对正极断路或短路	（1）齿环变脏或损坏 （2）轮毂轴承间隙过大 （3）轮速传感器安装不正确 （4）轮速传感器损坏 （5）接地短路 （6）轮速传感器与 ECU 间电缆接头中正极的导线断路或短路	（1）检查、清洁或更换齿环 （2）更换轮毂轴承 （3）检查轮速传感器安装位置 （4）"读取测量数据流"显示区 3 （5）"万用表检测"，执行检测步骤 9。如果"读取测量数据流"和"万用表检测"均不能明确故障，检查所有导线和接头是否存在接触不良 （6）检查 ECU 识别码 （7）如以上措施仍无法确定故障位置，更换 ECU
00301 ABS 油泵断路或短路	（1）至油泵的接地连接或接电源连接存在导线断路或接触电阻 （2）继电器与 ECU 间电缆接头中正极的接地导线断路或短路 （3）油泵继电器、油泵或液压单元损坏	（1）测试确定导线的断路或接触电阻，清除故障 （2）测试确定导线的断路或短路，清除故障 （3）检查继电器 J105，油泵 Vs9 和液压单元："万用表检测"，执行检测步骤 12+17；"读取测量数据流"显示区 7

续表

故障码	可能的故障原因	故障排除
00302 ABS电磁阀继电器断路或短路	（1）至电磁阀继电器的接地连接中存在连接故障或较大的接触电阻 （2）继电器与ECU间电缆接头对正极的接地线断路或短路 （3）继电器或液压单元损坏	（1）测试确定接地连接的接触电阻和损坏的导线，清除故障 （2）测试确定导线的断路或短路，清除故障 （3）检查继电器和液压单元，"万用表检测"步骤11+13；"读取测量数据流"显示区8
00526 刹车灯开关断路或不真实信号	（1）刹车灯泡或ECU损坏 （2）从刹车灯至ECU的导线损坏 （3）刹车灯开关、刹车或继电器间电缆对正极的接地导线断路或短路 （4）刹车灯泡损坏 （5）刹车灯开关损坏	（1）测试确定导线的断路或短路，清除故障 （2）更换灯泡 （3）检查刹车灯开关，"读取测量数据流"
00529 发动机转速信息无信号	（1）ECU与发动机ECU间电缆接头中对正极的接地导线断路或短路 （2）发动机ECU损坏 （3）ECU损坏	（1）测试确定导线的断路或短路，清除故障 （2）如果组合仪表中的转速表不工作并能够确定导线正常，说明发动机ECU损坏 （3）如果组合仪表中的转速表正常并能够确定导线无故障，那么说明ECU损坏
00532 电源电压信号太小	（1）ECU的供电电路存在接触电阻 （2）车内电网电压不稳，电压处于正常电压范围时指示灯熄火，这个故障只在车速超过6 km/h时出现才被储存	（1）测试确定导线的断路或短路，清除故障 （2）检查发电动机 （3）蓄电池损坏
00597 车轮轮速脉冲不同	（1）齿环变脏或损坏 （2）轮毂轴承间隙过大 （3）没有按规定安装轮速传感器 （4）轮速传感器损坏 （5）车辆上的车轮和轮胎规格不同	（1）检查齿环 （2）检查轮毂轴承 （3）用万用表检查轮速传感器，执行步骤7~10 （4）检查车轮和轮胎规格
00623 ABS至变速器电器连接	手动变速器：ABS&ASRECU编码错误 自动变速器： （1）ABS&ASRECU与自动变速器ECU电缆接头中正极的接地导线断路或短路 （2）ABS&ASR ECU编码错误	（1）检查ABS和ASRECU的编码 （2）测试确定导线的断路或短路，清除故障

续表

故障码	可能的故障原因	故障排除
00642 右前防滑控制 换向阀故障	（1）液压单元与ECU间电缆接头中正极的接地的导线断路或短路 （2）EDS换向阀损坏	（1）"万用表检测"，执行检测步骤5+18 （2）"万用表检测"如果没有确定故障位置，检查所有导线和接头是否存在接触不良 （3）如以上措施仍无法确定故障位置，更换ECU
00643 右前防滑控制 出油阀故障	（1）液压单元与ECU间电缆接头中正极的接地的导线断路或短路 （2）EDS出油阀损坏	（1）"万用表检测"，执行检测步骤6+18 （2）"万用表检测"如果没有确定故障位置，检查所有导线和接头是否存在接触不良 （3）如以上措施仍无法确定故障位置，更换ECU
00644 左前防滑控制 换向阀故障	（1）液压单元与ECU间电缆接头中正极的接地的导线断路或短路 （2）EDS换向阀损坏	（1）"万用表检测"，执行检测步骤5+17 （2）"万用表检测"如果没有确定故障位置，检查所有导线和接头是否存在接触不良 （3）如以上措施仍无法确定故障位置，更换ECU
00645 左前防滑控制 出油阀故障	（1）液压单元与ECU间电缆接头中正极的接地的导线断路或短路 （2）EDS出油阀损坏	（1）"万用表检测"，执行检测步骤6+17 （2）"万用表检测"如果没有确定故障位置，检查所有导线和接头是否存在接触不良 （3）如以上措施仍无法确定故障位置。更换ECU
00646 ABS和ASR 与发动机电器 连接1	（1）ECU与发动机ECU间电缆接头中正极的接地的导线断路或短路 （2）发动机ECU损坏 （3）ECU损坏	（1）测试确定导线的断路或短路，清除故障 （2）更换发动机ECU （3）更换ABS ECU
00647 ABS和ASR 与发动机电器 连接2	（1）ECU与发动机ECU间电缆接头中的接地的导线断路或短路 （2）发动机ECU损坏 （3）ABS和ASR ECU损坏	（1）测试确定导线的断路或短路，清除故障 （2）更换发动机ECU （3）更换ABS和ASR ECU
00668 车内电压接 线柱30断路	00668 车内电压接线柱30断路	检查导线连接
00761 发动机电脑中 储存有故障码	发动机ECU中储存有故障码，在这种情况下发动机ECU不能降低发动机力矩	清除发动机控制系统中的故障，并清除发动机ECU故障存储器中的故障代码

续表

故障码	可能的故障原因	故障排除
65535 电脑损坏	ECU 损坏	更换 ECU。这种情况下故障码不能清除，故障存储器中的数据有助于确定 ECU 的故障原因

相关技能

1. 实训内容

ASR 的检修。

2. 准备工作

（1）带 ASR 的轿车 1 辆。

（2）准备相关器材（如：解码器、拆装工具等）。

（3）准备相关车型维修手册。

3. 注意事项

（1）拆装系统中的电器元件和线束插头时，应将点火开关断开，否则将损坏电控装置；不可向电控装置提供过高的电压，否则也易损坏电控装置；不要用砂纸打磨系统中各插头的端子，否则容易造成接触不良。

（2）不要使车轮转速传感器和传感器齿圈沾上油污或其他脏物，否则车轮转速传感器产生的轮速信号可能不够准确。此外，不可敲击转速传感器，以免传感器发生消磁现象，影响系统的正常工作。

（3）在对液压系统进行维修作业时，应首先释放系统里的高压制动液，以免高压制动液喷出伤人。

（4）大多数汽车驱动防滑控制系统中的车轮转速传感器、电控装置和制动压力调节装置都是不可修复的，如果发生损坏，应进行整体更换。

（5）制动系统维修结束后，在使用过程中如发现制动踏板变软时，应按照要求的方法和顺序，对制动系统进行空气排除。

4. 操作步骤

1）节气门位置传感器的检测

如图 4-9 所示，测量 VC、VTA、IDL_2 与 E_2 端子之间的电压与导通情况，电压应与表 4-3 所示相同，如果检测结果不正常，应更换节气门位置传感器。

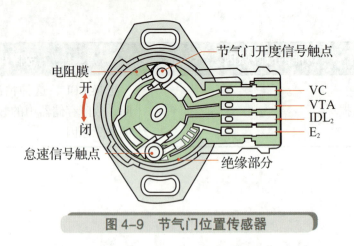

图 4-9 节气门位置传感器

表 4-3 节气门传感器的检测

检测项目/节气门开度	节气门全闭	节气门全开	节气门转动
VC 与 E_2	5 V，导通	5 V，导通	5 V，导通
VT_A 与 E_2	0.6 V	5 V	0.2~5 V 之间变化，导通
IDL_2 与 E_2	0 V，导通	5 V，不导通	由 0 V 变为 5 V，由导通变为不导通

2）电控单元的检测

ASR 电控单元常见的故障有线束插接器松动、插口损坏，操作不当造成其内部损坏，其具体检查方法如下。

（1）ASR 电控单元外部线束检查。

（2）ASR 电控单元自身的检查。

5. 技能总结

项目四 电控驱动防滑控制系统的检修

> **思考与练习**

一、填空题

1. ASR对驱动轮滑转程度的调节，可通过降低_____的输出转矩和对驱动轮实施_____两种方式进行控制。
2. 汽车驱动防滑控制系统，又称_____。
3. 汽车驱动防滑控制系统不但控制车轮刹车力，而且同时控制_____。

二、判断题

1. 驱动防滑控制系统就是ABS。（　　）
2. 驱动中防止汽车驱动轮打滑，特别是防止汽车在非对称路面或转弯时驱动轮空转的控制系统，简称ASR。（　　）
3. 驱动防滑控制系统由轮速传感器、控制单元和制动压力调节装置组成。（　　）
4. ASR和ABS共用一部分传感器。（　　）
5. ASR在整个汽车行驶过程中都是起作用的。（　　）

三、选择题

1. ASR的控制内容有（　　）。
   A. 降低发动机输出扭矩　　　　　　B. 对打滑的车轮进行制动控制
   C. 对车身横摆率进行控制　　　　　D. 减少车辆转向不足的倾向
2. ASR基本构成包括（　　）。
   A. 轮速传感器　　　　　　　　　　B. ASR液压系统
   C. 发动机的节气门调节系统　　　　D. 电控单元
3. 下列关于ASR执行器说法正确的是（　　）。
   A. 制动压力调节器　　　　　　　　B. 节气门驱动装置
   C. 自动换挡机构　　　　　　　　　D. 以上都不对
4. ASR中执行器副节气门的作用是（　　）。
   A. 提高发动机的工作效率　　　　　B. 降低发动机的燃油消耗率
   C. 控制驱动轮的驱动力　　　　　　D. 控制驱动轮的刹车力

四、问答题

1. ASR工作指示灯亮起和熄灭时各表明ASR系统处于什么工作状态？
2. ABS和ASR有何区别？

项目五

电控悬架系统的检修

项目描述

悬架是车架与车桥之间一切传力连接装置的总称。它主要是把路面作用于车轮上的垂直反力（支承力）、纵向反力（牵引力和制动力）、侧向反力以及这些反力所造成的力矩都传递到车架上，以保证汽车的正常行驶。

为了更好满足汽车舒适性的要求，各大汽车公司研发出了电控悬架系统（ECS）。ECS拥有更优良的适应能力，将其用于汽车上，当汽车紧急制动、急转弯或者急加速时，其悬架坚硬性较好；而处于正常行驶状态时悬架则具有柔软性。传感器在该系统中起较大作用，本项目主要针对电控悬架系统的结构、工作原理及检修进行介绍。

任务一 电控悬架系统结构与工作原理认知

任务目标

完成本学习任务后，学生在基础知识和基本技能方面应达到以下要求。

知识目标

（1）掌握电控悬架系统主要部件的结构及原理。

（2）熟悉电控悬架系统 ECU 的主要功能。

能力目标

（1）能正确分析各传感器的工作过程。

（2）能正确分析执行器的工作原理。

任务引入

随着汽车速度的提高，人们对汽车的性能也提出了更高的要求。传统的悬架限制了汽车性能的提高。采用电子技术实现汽车性能的控制，既能提高汽车乘坐的舒适性，又能提高汽车操纵的稳定性。近年来，人们不断开发适应各种行驶工况的最优悬架控制系统。在车辆，尤其是高档车中，相继出现了性能更加优越的各种电控悬架系统（如：电控空气悬架系统、电控液压悬架系统、电控电磁悬架系统等）。本任务主要讲解电控空气悬架系统的结构及其工作原理。

相关知识

一、信号输入装置

1. 车身高度传感器

车身高度传感器的作用是检测汽车行驶时车身高度的变化情况（车身相对车桥的位移量，即悬架位移量），并转换成电信号输入悬架系统的电控单元，以反映汽车的平顺性和车身高度信息。

常用的车身高度传感器有片簧开关式、霍尔式、光电式和电位计式。

1）片簧开关式车身高度传感器

片簧开关式车身高度传感器在福特型上应用较多，其实物图如图 5-1（a）所示。它由 4 组触点式开关和 1 个磁体组成，4 个开关分别与 2 个晶体管相连，构成 4 个检测回路。用 2 个端子作为输出信号与悬架 ECU 连接，2 个晶体管均受 ECU 输出端子的控制。

片簧开关式车身高度传感器内部控制电路如图 5-1（b）所示，其工作原理是：当车身高度调定为正常高度后，如果因货物、乘员数量变化等会导致车辆载荷的增加，使车身高度偏低，此时片簧开关式高度传感器的另一对触点闭合，产生电信号输送给 ECU，ECU 随即作出车高度偏低的判断，从而输出电信号到车身高度控制执行器，促使悬架系统车身高度控制执行器工作，使车身高度恢复为正常状态。该传感器将车身高度状态组合为低、正常、高、超高 4 个检测区域。

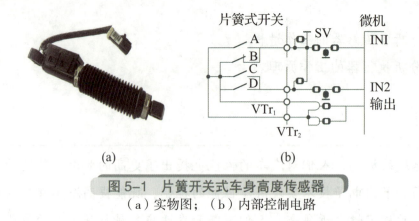

图 5-1 片簧开关式车身高度传感器
（a）实物图；（b）内部控制电路

2）霍尔式车身高度传感器

霍尔式车身高度传感器如图 5-2 所示，当两磁体因车身高度的改变而产生相对位移时，将在两霍尔集成电路上产生不同的霍尔效应，形成相应的电信号，悬架的电控装置根据这些电信号作出车身高度偏离调定高度的情况判别，从而驱动执行器作出有关调整。

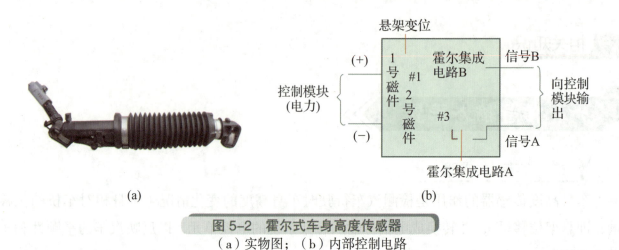

图 5-2 霍尔式车身高度传感器
（a）实物图；（b）内部控制电路

由于两霍尔集成电路和两磁体安装时，它们的位置进行了不同的组合，可以将车身高度状态分为低、正常、高 3 个检测区域。

3）光电式车身高度传感器

光电式车身高度传感器固定在车架上，传感器轴的外端装有导杆，导杆的另一端通过一连杆与独立悬架的下摆臂连接，其结构如图 5-3 所示。

当车身高度发生变化时，导杆将随悬架摆臂的上下移动而摆动，从而通过传感器转轴驱动遮光盘转动，如图 5-3（b）所示；光电耦合器相对应的发光二极管和光敏晶体管之间即产生照 / 遮的转换，如图 5-3（c）所示；光敏晶体管把相应的 ON/OFF 转换成电信号，并通过导线输送给悬架 ECU。

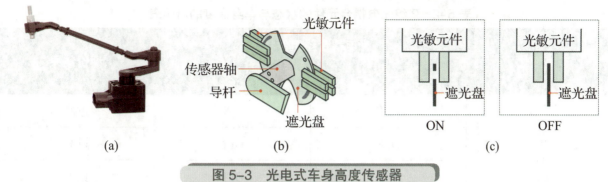

图 5-3 光电式车身高度传感器
（a）实物图；（b）内部结构；（c）工作原理

ECU 根据不同的脉冲信号，即可判断遮光盘转过的角度，从而计算出悬架高度的变化情况。车身高度的变化可参见表 5-1、表 5-2 所示。

表 5-1 4 组光电耦合元件的状态与车身高度的对照表

车高变化	光电耦合元件的状态				车高数值	评价结果
	1	2	3	4		
高 ↓ 低	OFF	OFF	ON	OFF	15	过高
	OFF	OFF	ON	ON	14	
	ON	OFF	ON	ON	13	
	ON	OFF	ON	OFF	12	高
	ON	OFF	OFF	OFF	11	
	ON	OFF	OFF	ON	10	
	ON	ON	OFF	ON	9	
	ON	ON	OFF	OFF	8	普通
	ON	ON	ON	OFF	7	
	ON	ON	ON	ON	6	
	OFF	ON	ON	ON	5	
	OFF	ON	ON	OFF	4	低
	OFF	ON	OFF	OFF	3	
	OFF	ON	OFF	ON	2	
	OFF	OFF	OFF	ON	1	过高
	OFF	OFF	OFF	OFF	0	

表 5-2 2 组光电耦合元件的状态与车身高度的对照表

车高变化	光电耦合器组件状态		评价结果
	1	2	
高 ↓ 低	OFF	ON	过高
	OFF	OFF	过高
	ON	OFF	偏低
	ON	ON	过低

由于减振器在行车过程中因道路不平而振动，车身所处的区域很难判定，所以悬架 ECU 每隔 10 ms 就检测 1 次车身高度传感器输出的信号，在需要调整时可及时进行车身高度的调整。其车身高度调整装置的控制原理如图 5-4 所示。

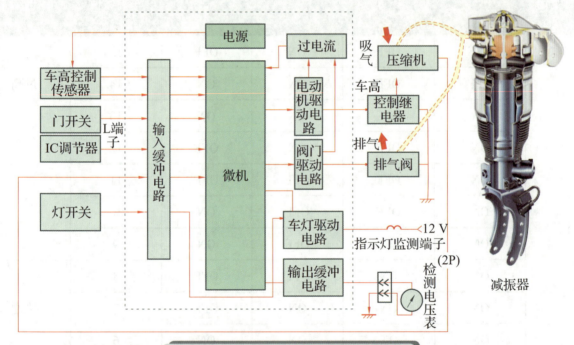

图 5-4 车身高度调整装置的控制原理

4）电位计式车身高度传感器

电位计式车身高度传感器的安装位置与光电式车身高度传感器相同。其工作原理为：当由于车身高度的变化使与转板和传感器轴一体的电刷在电阻器上滑动时，A 和 B 之间的电阻值就发生变化，电阻值的变化与转板的转动角度成正比，即与车身高度的变化成正比。当悬架 ECU 把一恒定电压加到整个电阻器上时，A 和 B 之间产生的电压变化取决于转板的转动角度。这一电压信号送到悬架 ECU，悬架 ECU 即可从电压的变化中检测出车身高度的变化，如图 5-5 所示。

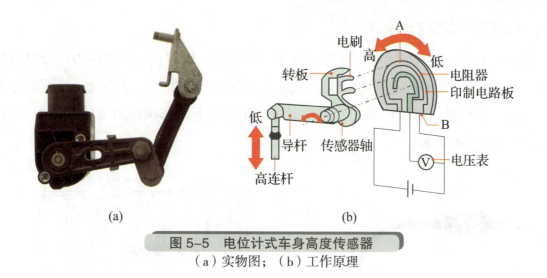

图 5-5 电位计式车身高度传感器
（a）实物图；（b）工作原理

2. 加速度传感器

在车轮打滑时，无法以转向角和汽车车速正确判断车身侧向力的大小，此时利用加速度传感器可以直接准确地测量出汽车的纵向加速度以及汽车转向时因离心力而产生的横向加速度，并将信号输送给 ECU，使 ECU 能够调节悬架系统的阻尼力大小及空气弹簧的压力大小，以维持车身的最佳姿势。

常用的加速度传感器有差动变压器式、球位移式。

1）差动变压器式加速度传感器

如图 5-6 所示，传感器的励磁线圈（一次绕组）上通有交流电，当汽车转弯（或加、减速）行驶时，铁芯在汽车横向力（或纵向力）的作用下产生位移，随着铁芯位置的变化，检测线圈（二次绕组）的输出电压发生变化，线圈的输出电压随着汽车加速度大小的变化而变化，该电压信号输入给 ECU 后，ECU 根据此输入信号即可正确判断汽车横向力（或纵向力）的大小，对车身姿势进行控制。

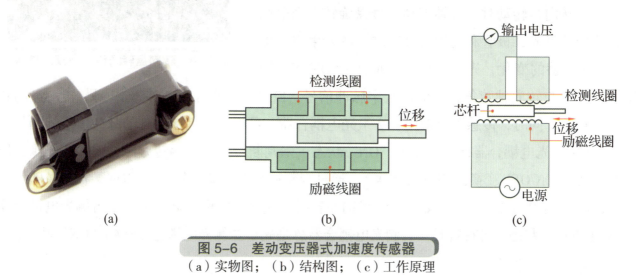

图 5-6　差动变压器式加速度传感器
（a）实物图；（b）结构图；（c）工作原理

2）球位移式加速度传感器

如图 5-7 所示，当汽车转弯（或加、减速）行驶时，钢球在汽车横向力（或纵向力）的作用下产生位移，随着钢球位置的变化，线圈内部的磁场强度也发生变化，线圈的输出电压即发生变化。ECU 根据电压信号的变化情况可以正确判断汽车横向力（或纵向力）的大小，进而对车身姿势进行控制。

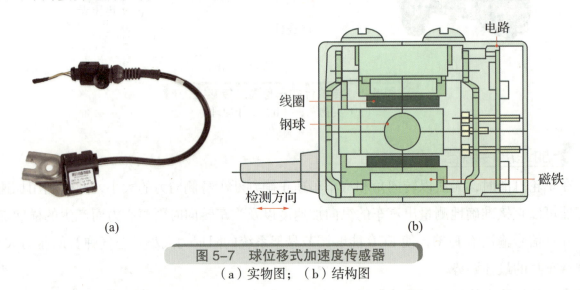

图 5-7　球位移式加速度传感器
（a）实物图；（b）结构图

3. 转向盘转角传感器

转向盘转角传感器位于转向盘下面，如图 5-8 所示。其主要用来检测转向盘的中间位置、转动方向、转动角度、转动速度等，并把信号输送给悬架 ECU，ECU 根据该信号和车速信号判断汽车转向时侧向力的大小和方向，从而控制车身的侧倾。

当转向盘转动时，转轴带动信号盘旋转，光电耦合器中的发光二极管和光敏二极管之间的光束将产生通/断交替的变化，光敏二极管进而进行 ON/OFF 转

图 5-8　转向盘转角传感器安装位置

换，形成与转向轴转角相对应的数字脉冲信号，ECU 根据此信号的变化来判断转向盘的转角与转速。同时，传感器上采用了 2 组光电耦合器，可根据它们检测到的脉冲信号的相位差（判断哪个光电耦合器首先转变为"ON"状态）来判断转向盘的偏转方向。因为 2 个遮光器在安装时 ON/OFF 变换的相位错开 90°，通过判断哪个遮光器首先变为"ON"状态，即可检测出转向轴的偏转方向。例如，转向盘向左转时，左侧光电耦合器总是先于右侧光电耦合器达到"ON"状态；向右转时，右侧光电耦合器总是先于左侧光电耦合器达到"ON"状态。

4. 车速传感器

车速信号是汽车悬架系统的常用控制信号，汽车车身的侧倾程度取决于车速的高低和汽

车转向半径的大小。车速传感器的作用是检测汽车速度,并将信号传递给 ECU,用来调节悬架的阻尼力。

常用的车速传感器主要有舌簧开关式、光电式、电磁感应式。一般情况下舌簧开关式和光电式车速传感器安装在仪表板上,与车速表装在一起,并用软轴与变速器的输出轴相连。电磁感应式车速传感器装在变速器上,通过蜗轮蜗杆机构与变速器的输出轴相连。

5. 节气门位置传感器

节气门位置传感器安装在节气门体上,用来检测节气门的开度及开度变化,为悬架 ECU 提供相应的信号。

汽车在急加速时,由于惯性力和驱动力的作用,汽车尾部容易产生"下蹲"现象。为了防止这一现象,ECU 根据节气门位置信号检测汽车的加速工况(判断汽车是否在进行急加速),并根据该信号控制悬架的弹簧刚度、阻尼力等参数,防止车尾"下蹲"。

常用的节气门位置传感器有触点开关式、线性可变电阻式、触点与可变电阻组合式。

6. 悬架控制开关

在电控悬架系统中,常用的控制开关主要有模式选择开关、阻尼力调节开关、车身高度控制开关、车身高度控制通/断开关等。控制开关一般位于变速器操纵手柄旁或仪表板上,个别位于行李箱内。

1)模式选择开关

模式选择开关一般位于变速器操纵手柄旁,如图 5-9 所示。驾驶员根据车辆行驶状况和路面情况选择悬架的运行模式,通过操纵该开关,可以使减振器阻尼力按手动模式或自动模式进行变化。

当选择自动模式时,悬架系统可以根据汽车行驶状态自动调节减振器的阻尼力,以保证汽车乘坐舒适性和操纵稳定性,其控制功能如表 5-3 所示。

图 5-9 模式选择开关在车上的位置

当选择手动模式时,悬架系统的阻尼力只有标准(中等)状态和运动(硬)状态,根据驾驶员操纵阻尼力调节开关进行转换。

表 5-3 模式选择开关功能

汽车行驶状态	减振器阻尼力(悬架状态)	
	自动、标准模式	自动、运动模式
一般情况下	软	中等
汽车急加速、急转弯或紧急制动时	硬	硬
高速行驶时	中等	中等

2)阻尼力调节开关

阻尼力调节开关也位于操纵手柄旁。通过操纵此开关可以使阻尼力处于标准(中等)状态和运动(硬)状态,此开关在模式选择开关处于手动位置时起作用。

在雷克萨斯轿车的电控主动悬架系统中,阻尼力调节开关被称为LRC(Lexus Riding Control雷克萨斯汽车行驶平顺性控制)开关,用于选择减振器的工作模式(NORMAL或SPORT)。部分车型取消了LRC开关,悬架减振器阻尼力的大小根据车况自动进行调节。

3)车身高度控制开关

驾驶员操纵此开关选择所希望的车身高度(NORMAL或HIGH),之后电控主动悬架系统会根据车辆载荷等参数的变化自动调节车身高度为设定的目标值。有些轿车悬架也可根据车速、路况等自动调节车身高度以适应车辆的行驶要求。

4)车身高度控制通/断开关

车身高度控制通/断开关用来接通(ON)或中止(OFF)主动悬架的车身高度控制功能,一般位于车辆行李箱的工具储藏室内。当车辆被举升、停在不平的路面或车辆被拖拽时,要先将此开关拨至"OFF"位置,这样可避免空气弹簧中的压缩空气排出,从而造成车身高度的下降。

7. 其他信号

1)制动灯开关信号

制动灯开关位于制动踏板支架上,当踩下制动踏板时,开关接通。将12 V的电压加在悬架ECU的STP端子上,悬架ECU利用这一信号判断汽车是否处在制动状态。制动灯开关信号控制电路如图5-10所示。

2)门控灯开关信号

门控灯开关位于汽车各门的门柱上或行李箱内,其信号控制电路如图5-11所示。当所有的车门(和行李箱盖)都关上时,门控灯开关断开,蓄电池电压加在悬架ECU的DOOR端子上;当有任何一门打开时,DOOR上的电压变为0 V。

悬架ECU根据该信号判断车门是否打开,因为在车辆停止后,悬架系统会自动使车身降到较低的高度,而若此时ECU检测到车门打开(下客或卸货)时,车高自动控制必须停止,以免造成危险。

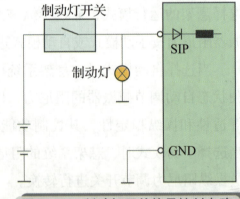

图5-10 制动灯开关信号控制电路

3)发电机IC调节器信号

发电机IC调节器位于发动机的交流发电机内,其信号控制电路如图5-12所示。IC调节器的L端子电压在发动机运转时(即发电机发电)为蓄电池电压,在发动机停止时(即发电机不发电)不高于1.5 V。IC调节器的L端子直接与悬架ECU的REG端子连接,悬架ECU据此判断发动机是否运转。悬架 ECU 利用这一信号，进行如转角、高度等传感器的检查和失效保护。

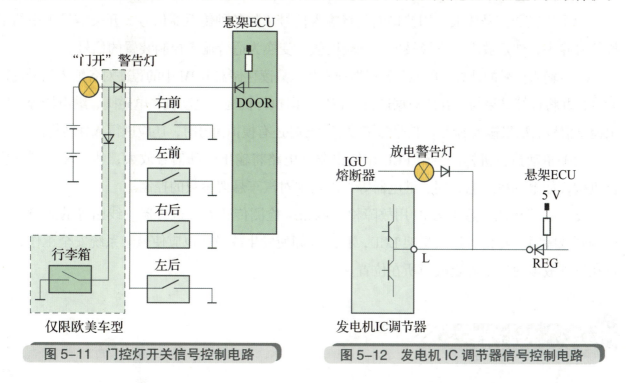

图 5-11 门控灯开关信号控制电路　　图 5-12 发电机 IC 调节器信号控制电路

二、电控单元

悬架系统的电控单元一般由输入电路、微处理器、输出电路、电源电路等组成，其线路图如图 5-13 所示。它是悬架控制系统的中枢，具有以下功能。

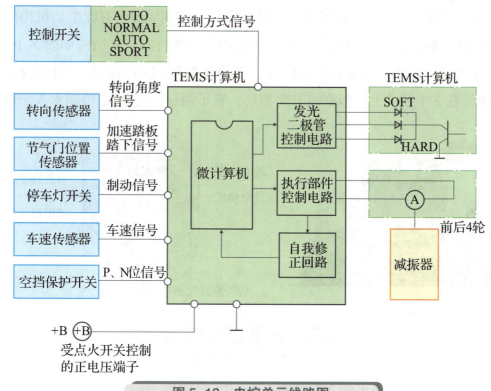

图 5-13 电控单元线路图

（1）提供稳压电源。控制装置内部所用电源和供各种传感器的电源均由稳压电源提供。

（2）传感器信号放大。用接口电路将输入信号（如各种传感器信号、开关信号）中的干扰信号除去，然后放大、变换极值、比较极值，变换为适合输入控制装置的信号。

（3）输入信号的计算。电控单元根据预先写入只读存储器 ROM 中的程序对各输入信号进行计算，并将计算结果与内存的数据进行比较后，向执行机构（电动机、电磁阀、继电器等）发出控制信号。如果输入 ECU 的信号除了数字信号外还有模拟信号时，还应进行 A/D 转换。

（4）驱动执行机构。悬架 ECU 用输出驱动电路将输出驱动信号放大，然后输送到各执行机构，如电动机、电磁阀、继电器等，以实现对汽车悬架参数的控制。

（5）故障检测。悬架 ECU 用故障检测电路来检测传感器、执行器、线路等的故障，当检测到故障时，将信号送入悬架 ECU，目的是即使发生故障，也应使悬架系统安全工作，而且在修理故障时容易确定故障所在位置。

三、执行器

1. 直流电动机式执行器

直流电动机式执行器安装在悬架系统中每个悬架减振器的顶部，并通过其上的控制杆与减振器的回转阀相连。目前已很少使用。

2. 步进电动机式执行器

步进电动机式执行器也安装在悬架减振器的顶部，控制原理与直流电动机相似，只是控制杆改由步进电动机驱动，目前大部分悬架都采用这类执行器。其结构如图 5-14 所示，步进电动机主要由定子线圈、永磁转子等组成，定子有 2 个 12 极的铁芯，相互错开半齿而对置，2 个线圈绕在 2 个铁芯上，但绕线方向相反。转子则是一具有 12 极的永久磁铁。

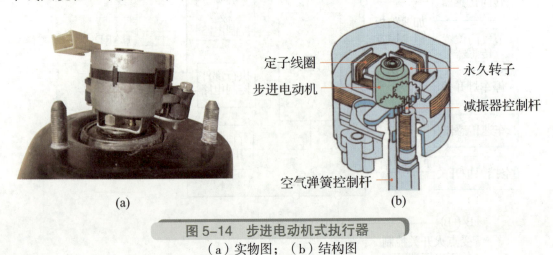

图 5-14　步进电动机式执行器
（a）实物图；（b）结构图

当悬架 ECU 给步进电动机的 2 个线圈（A、B）分别通一定的电流时，就会在定子铁芯上产生电磁力，使永久磁铁转动，从而通过减振器控制杆带动回转阀转动。

其工作原理如图 5-15 所示，ECU 每施加 1 次脉冲电流，转子即转动 1 步（1/24 圈，即 15°）。例如，当 ECU 先给线圈 A 通上正向电流，转子在图 5-15（a）所示的位置上；当 ECU 给线圈 A 断电，进而给线圈 B 通电后，转子顺时针旋转 15°，如图 5-15（b）所示。

由此可见，通过改变线圈上电流的施加顺序，即可使步进电动机以每步 15° 的速度正向或逆向旋转，通过陡变脉冲电流的频率，可以自由控制转子的旋转速度；通过改变电流的通断时间，可以控制转子的停留位置。

步进电动机为非接触型电动机，与直流电动机式执行器相比，使用寿命更长。此外，步进

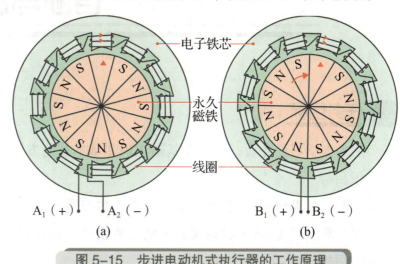

图 5-15 步进电动机式执行器的工作原理

电动机常处于开环控制系统，受数字脉冲信号控制，其转速和转角分别与输入脉冲数和频率成正比，具有自锁能力，不需要传感器和锁止机构，控制系统简单高效，可获得更快速的响应和更精确的控制，因此汽车在不平路面行驶时可获得更佳的控制效果。

3. 电磁阀

电磁阀是接受 ECU 的指令打开（或关闭），从而控制某一液压或气压管路使之相通（或不通）的元件，不同的电磁阀在结构和原理上大同小异，但因安装的位置不同，所起的作用也不尽相同。电控悬架系统中常用的电磁阀主要有以下 2 种。

（1）高度控制阀。ECU 使高度控制阀线圈通电后，高度控制阀打开，并将空气压缩机来的压缩空气引向气压缸，从而使汽车高度上升。

（2）排气阀。ECU 使排气阀线圈通电后，排气阀打开，并将气缸中的压缩空气排放到大气中，从而使汽车高度下降。

4. 继电器

继电器在电路中的作用是接受 ECU 的指令开、闭，从而控制该条电路的通、断。电控空气悬架控制电路中设有高度控制继电器，当车身高度开始上升时，继电器接受 ECU 控制信号，开关闭合，压缩机就能通电产生压缩空气，否则压缩机不工作。

5. 故障指示灯

故障指示灯根据 ECU 的指令点亮，在悬架系统自检时亮起，自检完毕后熄灭；悬架系统出现故障时亮起，进行故障警告。维修人员可以通过其闪烁规律读取故障代码。

任务二 电控悬架系统故障诊断与检修

任务目标

完成本学习任务后,学生在基础知识和基本技能方面应达到以下要求。

知识目标

(1)了解奥迪A8电控悬架系统在车上的布置方式。

(2)掌握奥迪A8电控悬架系统电路的识读及元件的检测方法。

能力目标

(1)能够正确识读电路图。

(2)能够对照电路图对各执行器进行检测。

任务引入

对于有些装配电控悬架的汽车,关闭点火开关并不会使悬架系统关闭。例如,部分林肯轿车在点火开关关闭30 min后还能继续处理悬架的高度信息。如果不先关闭电子悬架系统就举升汽车进行检修,传感器会检测到汽车座椅高度太高,从而微机将使电磁线圈控制的空气阀释放弹簧的空气。如果释放的空气太多,弹簧的橡胶材料将会折翻过去,导致弹簧不可修复的损坏。因此,在举升汽车前,要按照厂家维修或汽车使用手册的资料关闭悬架系统。

相关知识

汽车悬架系统是汽车底盘的重要组成部分之一,悬架系统性能的好坏,直接影响到汽车驾驶员的操纵性与乘客乘车的舒适性。

奥迪A8轿车电控空气悬架系统(简称AAS系统)通过改变悬架的软硬度和减振阻尼的大小,以适应不同的行驶条件。它提供了4种不同的车身离地间隙:最高离地间隙145 mm、高速模式95 mm、运动模式100 mm和普通模式120 mm,驾驶员可以根据不同的路况或车速进行选择。下面以奥迪A8为例来简要讲解其结构,重点讲解检修方法。

一、奥迪 A8 电控空气悬架系统的结构

奥迪 A8 电控空气悬架系统在车上的布置如图 5-16 所示。

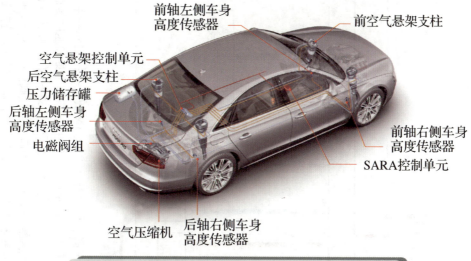

图 5-16　奥迪 A8 电控空气悬架系统在车上的布置

奥迪 A8 轿车的自适应空气悬架系统包括空气压缩机、高度控制装置控制单元、车身高度传感器、车身加速度传感器、储压罐、空气弹簧及控制空气弹簧的电磁阀组，其 AAS 系统示意如图 5-17 所示，其系统控制电路如图 5-18 所示。

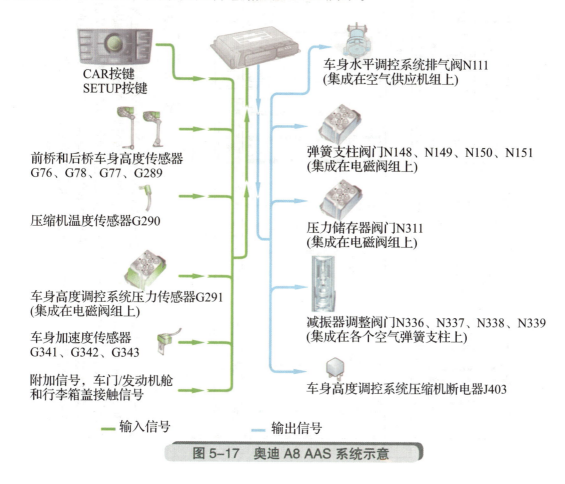

图 5-17　奥迪 A8 AAS 系统示意

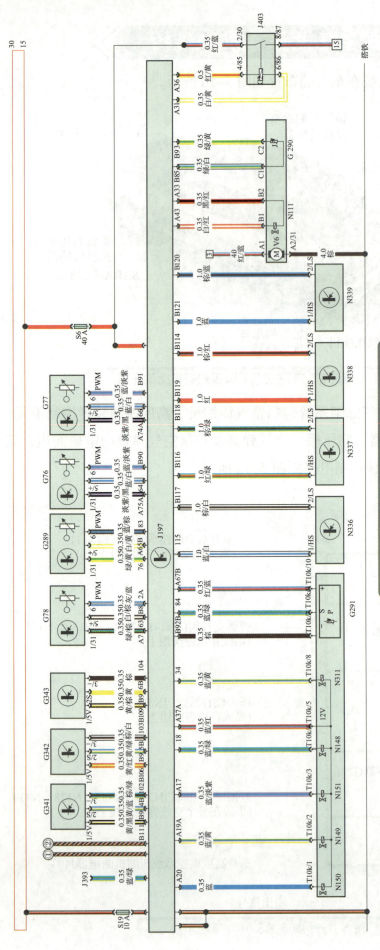

图 5-18 奥迪 A8 AAS 系统控制电路

注：J393—舒适系统中央控制单元；①—CAN 高电平；N149—右前减振支柱阀门；G289—右前汽车高度传感器；②—CAN 低电平；N150—左后减振支柱阀门；N336—左前阻尼调节阀；G341—左前车身加速度传感器；N151—右后减振支柱阀门；N337—右前阻尼调节阀；G342—右前车身加速度传感器；N311—蓄压器阀门；N338—左后阻尼调节阀；G343—后部车身加速度传感器；N339—右后阻尼调节阀；G291—水平高度调节系统压力传感器；G77—右后汽车高度传感器；G290—水平高度调节系统排气阀；G76—左后汽车高度传感器；N148—左前减振支柱阀门；G78—左前汽车高度传感器；V66—水平高度调节系统压缩机；N111—水平高度调节系统压缩机温度传感器；J403—水平高度调节系统压缩机继电器；J197—水平高度调节系统控制单元

二、奥迪A8电控悬架系统主要部件的构造及工作原理

1. 电控单元

ECU（J197）安装于车内储物箱前，用于处理其他总线部件的相关信息、独立的输入信号和生成控制信号，以控制压缩机、电磁阀和减振器。

2. 空气弹簧

前桥空气弹簧采用外部引导式，并被封装在一铝制的汽缸内，其结构如图5-19所示。为了防止灰尘进入汽缸与空气弹簧伸缩囊之间，采用密封圈密封活塞与汽缸之间的区域。密封圈在维修时可以更换，空气弹簧伸缩囊不能单独更换。出现故障时，必须更换整个弹簧或减振支柱。空气弹簧不仅替代了钢制弹簧，而且还有其独特的优点。它使用铝制汽缸的新式外部引导性装置，减小了空气弹簧伸缩囊的壁厚，使在路面不平情况下的响应更加灵敏。

空气弹簧为了能以最佳的承载宽度来达到行李箱的最大利用容积，其后桥的空气弹簧直径就被限制到最小的尺寸。为了满足舒适度的要求，空气的体积又不能太小。为了解决这个矛盾，使用了一与减振器连在一起的蓄压罐，用于额外供应空气，如图5-20所示。蓄压罐位于汽车左侧的行李箱底板与后部消声器之间，蓄压罐的最大工作压力为16 bar。

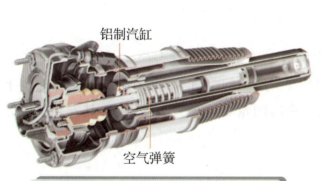

图5-19 前桥空气弹簧的结构

图5-20 后桥空气弹簧的结构

3. 减振器

减振器采用无级电控双管气压减振器（无级减振控制系统），其结构及工作原理如图5-21所示。图中活塞的主减振阀门通过弹簧机械预紧，在阀门上方安装有电磁线圈，连接导线经由活塞杆的空腔与外部连接。

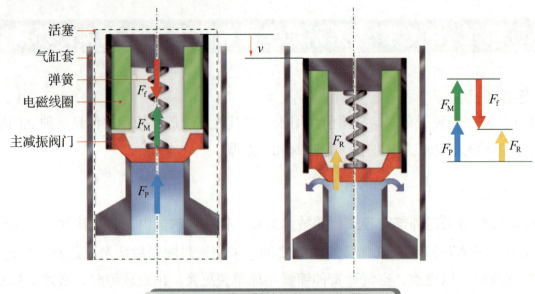

图 5-21 减振器的结构及工作原理

整个活塞在汽缸套内以速度 v 向下运动，空腔内主减振阀门下的油压上升。电磁线圈通电，电磁力 F_M 对弹簧力 F_f 有反作用，并将其部分提升。当电磁力与 ATF 压力的总和（$F_M + F_P$）超过弹簧力 F_f 时，就会产生力 F_R，此力将主减振阀门打开。电流将调控线圈电磁力的大小，电流越大，液压油的流过阻力和减振器阻尼力就越小。

当电磁线圈没有电流作用时，减振器阻尼力达到最大。减振器阻尼力最小时，电磁线圈上的电流约为 1 800 mA。在紧急运行时，不对电磁线圈通电，这样设定了最大减振力，并通过其保证车辆行驶时的动态稳定。

4. 车身高度传感器

车身高度传感器又称车身水平传感器，共有 4 个（G76、G77、G78、G289）。这 4 个车身高度传感器的结构相同，它们通过测得悬臂与车身之间的距离来判断车辆的高度状态。车身高度传感器以 800 Hz 的频率进行感应探测（全时四轮驱动车为 200 Hz），其安装位置如图 5-22 所示。

5. 压力传感器

压力传感器（G291）浇铸在电磁阀组件上，并且不能从外部进行操作。压力传感器用于测量前桥和后桥空气弹簧支柱或蓄压罐的压力。

G291 根据电容器测量原理进行工作，如图 5-23 所示。需要测量的压力引起了陶瓷膜片的偏转，由此导致安装在薄膜上的电极和固定在传感器外壳上的对应电极之间的距离发生了变化。2 个电极形成了一电容。电极间距离越小，电容的电容量就越大。通过集成的电子装置测量电容并转换为线性的输出信号。

图5-22 奥迪A8后轮车身高度传感器安装位置

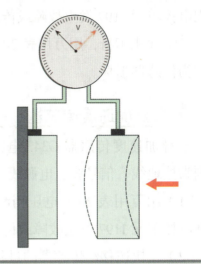
图5-23 压力传感器的工作原理

三、奥迪A8电控悬架系统各元件的检测

1. 压力传感器G291的检测

压力传感器G291电路接线如图5-18所示,3根导线均与电控单元J197相连,分别为电源线、信号线、接地线。检测时的操作步骤如下。

（1）打开点火开关,用万用表20 V电压挡测量电源线与接地线之间电压。电压值应在标准值范围内,否则电控单元J197发生故障或传感器与J197之间的导线发生故障。

（2）运转发动机,用万用表20 V电压挡测量信号线与接地线之间电压。电压值应在标准值范围内,否则为传感器损坏。

2. 压缩机温度传感器G290的检测

压缩机温度传感器G290电路接线如图5-18所示,2根导线均与电控单元J197相连,分别为信号线、接地线。检测时的操作步骤如下。

（1）断开传感器插接器,测量传感器电阻值。电阻值应在标准值范围内,否则传感器损坏。

（2）打开点火开关,测量信号线与接地线之间电压。电压值应在标准值范围内,否则电控单元J197发生故障或传感器与J197之间的导线发生故障。

3. 车身高度传感器G77的检测

车身高度传感器G77电路接线如图5-18所示,3根导线均与电控单元J197相连,分别为接地线、信号线、电源线。检测时,打开点火开关,其操作步骤如下。

（1）用万用表20 V电压挡测量电源线与接地线之间电压。电压值应在标准值范围内,否则电控单元 J197 发生故障或传感器与 J197 之间的导线发生故障。

（2）弹跳车身，用万用表 20 V 电压挡测量信号线与接地线之间电压。电压应产生变化，否则为传感器损坏。

4. 车身加速度传感器 G343 的检测

车身加速度传感器 G343 电路接线如图 5-18 所示，3 根导线均与电控单元 J197 相连，分别为接地线、信号线、电源线。检测时，打开点火开关，其操作步骤如下。

（1）用万用表 20 V 电压挡测量电源线与接地线之间电压。电压值应在标准值范围内，否则电控单元 J197 发生故障或传感器与 J197 之间的导线发生故障。

（2）在快速移动传感器的过程中，用万用表 20 V 电压挡测量信号线与接地线之间电压，电压应产生变化，否则为传感器损坏。

5. 压缩机继电器 J403 的检测

压缩机继电器 J403 电路接线如图 5-18 所示，4 根导线中第一根和第四根与电控单元 J197 相连，分别为接地线、ECU 供电线；第二根和第三根分别为压缩机供电线、蓄电池电源线。检测时的操作步骤如下。

（1）断开继电器插接器，打开点火开关，用万用表 20 V 直流电压挡测量第一根与第四根导线之间电压。电压值应在标准值范围内，否则电控单元 J197 发生故障或传感器与 J197 之间的导线发生故障；测量第三根导线电压应为蓄电池电压，否则该线至蓄电池之间电路发生故障。

（2）连接继电器插接器，打开点火开关，用万用表 20 V 直流电压挡测量第二根线，即压缩机供电线电压应为蓄电池电压，否则为继电器损坏。

6. 压缩机电动机 V66 的检测

压缩机电动机 V66 仅有 2 根导线，分别为压缩机电动机的接地线和供电线。检测时，断开电动机插接器，其操作步骤如下。

（1）测量电动机绕组的阻值。阻值应在标准值范围内，否则为电动机损坏。

（2）打开点火开关，用万用表直流 20 V 电压挡测量供电线电压。电压值应在标准值范围内，否则检查压缩机继电器。

（3）关闭点火开关，用万用表电阻挡测量电动机接地线搭铁是否良好，否则该电路发生故障。

7. 减振器调节阀 N336 的检测

减振器调节阀 N336 的电路接线如图 5-18 所示，2 根导线均与电控单元 J197 相连，分别为信号线、接地线。检测时，断开调节阀插接器，其操作步骤如下。

（1）测量调节阀绕圈阻值。阻值应在标准值范围内，否则为调节阀损坏。

（2）打开点火开关，模拟调节阀工作条件，用万用表 20 V 交流电压挡测量信号线与接地线之间的电压。电压值应在标准值范围内，否则电控单元 J197 发生故障或调节阀与 J197 之间的导线发生故障。

8. 减振支柱阀 N148 的检测

减振支柱阀 N148 的电路接线如图 5-18 所示，2 根导线均与电控单元 J197 相连，分别为电源线、信号线。检测时，断开支柱阀插接器，其操作步骤如下。

（1）测量支柱阀绕圈阻值，阻值应在标准值范围内，否则为支柱阀损坏。

（2）打开点火开关，用万用表 20 V 电压挡测量电源线电压。电压值应在标准值范围内，否则电控单元 J197 发生故障或调节阀与 J197 之间的导线发生故障。

（3）打开点火开关，模拟支柱阀工作条件，用万用表 20 V 交流电压挡测量信号线与接地线之间的电压变化。电压值应在标准值范围内，否则电控单元 J197 发生故障或调节阀与 J197 之间的导线发生故障。

9. 排气阀 N111 的检测

排气阀 N111 的电路接线如图 5-18 所示，2 根导线均与电控单元 J197 相连，分别为信号线、接地线。检测时，断开排气阀插接器，其操作步骤如下。

（1）测量排气阀绕圈阻值。阻值应在标准值范围内，否则为排气阀损坏。

（2）打开点火开关，模拟排气阀工作条件，用万用表 20 V 电压挡测量信号线与接地线之间电压。电压值应在标准值范围内，否则电控单元 J197 发生故障或排气阀与 J197 之间的导线发生故障。

相关技能

1. 实训内容

电控悬架系统的检测。

2. 准备工作

（1）带电控悬架系统的轿车 1 辆。

（2）准备相关器材（如：解码器、拆装工具等）。

（3）准备相关车型维修手册。

3. 注意事项

（1）在吊起、支起或拖动汽车之前，应该将悬架控制开关置于"OFF"位置或断开蓄电池负极。

（2）当点火开关在打开状态下，不要拆卸或安装悬架 ECU 及其电子插头。

（3）如果汽车生产厂的维修手册没有指明，就不要将系统的任何电路或元件加电压或接地。

（4）如果汽车装有安全气囊系统，在维修电控悬架前，应先将安全气囊系统断开，否则可能造成人身伤害或财产损失。

（5）在控制系统的检测中，必须用生产厂在维修手册中提到的检测工具，否则可能损坏控制系统的零部件。

4. 操作步骤

1）各传感器的检测

电控悬架系统传感器的检测方法如表 5-4 所示。

表 5-4 电控悬架系统传感器的检测方法

传感器	图示	步骤	记录
前车身高度传感器	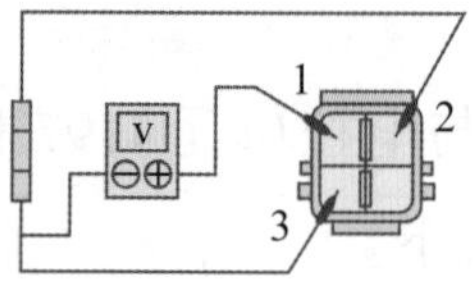	（1）将端子 2 与蓄电池正极相连，端子 3 与蓄电池负极和万用表负极相连。 （2）将控制杆缓慢上下移动，同时检测端子 1 与 3 之间的电压，将测量值填入表中 | 位置 | 测量电压 | 标准电压 | |---|---|---| | 高 | | | | 正常 | | | | 低 | | |	
后车身高度传感器	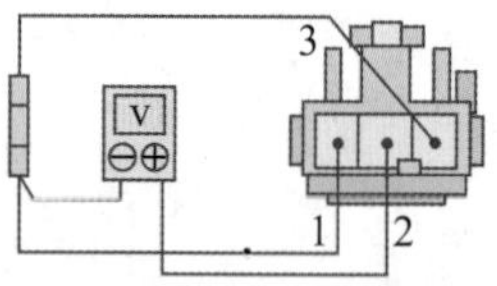	（1）将端子 3 与蓄电池正极相连，端子 1 与蓄电池负极和万用表负极相连。 （2）将控制杆缓慢上下移动，同时检测端子 2 与 3 之间的电压，将测量值填入表中 | 位置 | 测量电压 | 标准电压 | |---|---|---| | 高 | | | | 正常 | | | | 低 | | |	
前加速度传感器	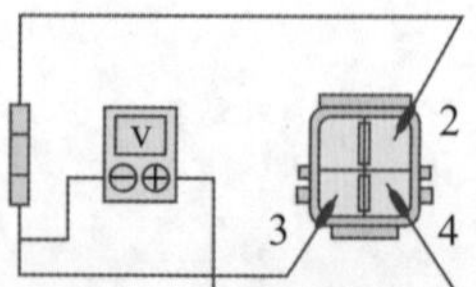	（1）将端子 2 与蓄电池正极相连，端子 3 与蓄电池负极和万用表负极相连。 （2）使传感器上下振动，同时检测端子 4 与 3 之间的电压，将测量值填入表中 | 位置 | 测量电压 | 标准电压 | |---|---|---| | 静止时 | | | | 振动时 | | |	

续表

传感器	图示	步骤	记录
后加速度传感器	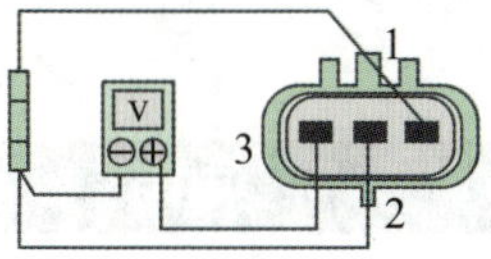	（1）将端子1与蓄电池正极相连，端子2与蓄电池负极和万用表负极相连。 （2）使传感器上下振动，同时检测端子2与3之间的电压，将测量值填入表中 | 位置 | 测量电压 | 标准电压 | |---|---|---| | 静止时 | | | | 振动时 | | |	
转向盘转角传感器	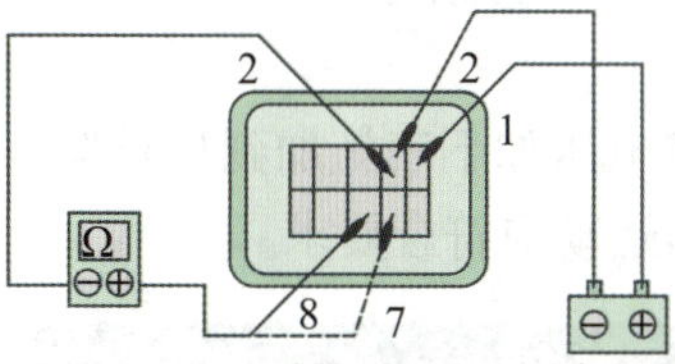	（1）将端子1与蓄电池正极相连，端子2与蓄电池负极相连。 （2）分别检测端子7、8与2之间的电阻值，正常应在0~∞之间变化 | 位置 | 测量电压 | 标准电压 | |---|---|---| | 静止时 | | | | 振动时 | | |	
高度控制开关	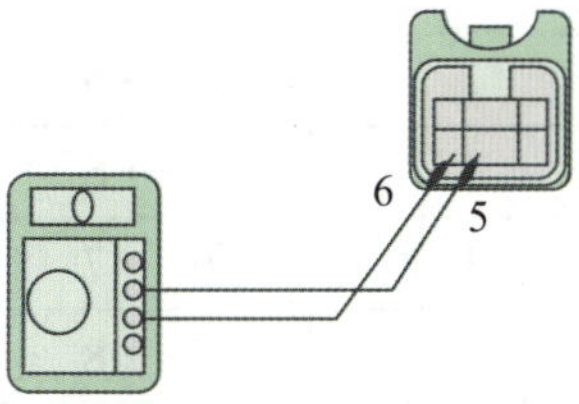	（1）断开高度控制开关连接器。 （2）将高度控制开关分别按在"NCRM"和"HIGH"位置，测量5、6之间电阻。 （3）正常："NORM"位置电阻为∞（开路），"HIGH"位置电阻为0（断路）	

2）各执行器的检查

悬架控制执行器的检查方法如表5-5所示。

表5-5　悬架控制执行器的检查方法

检查内容	图示	步骤	记录
执行器运行检查	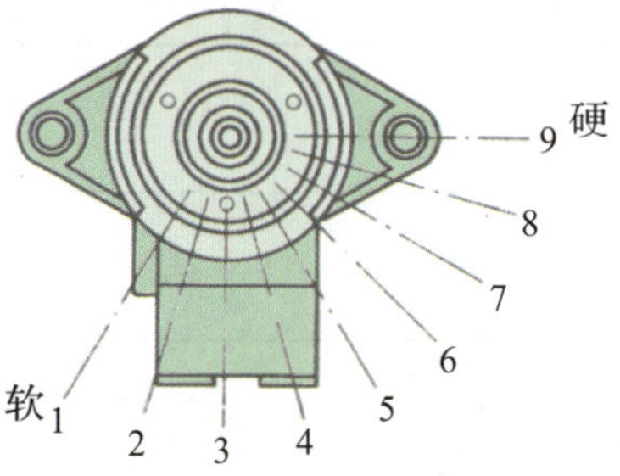	（1）拆开执行器和执行器盖。 （2）将点火开关转至"ON"位置。 （3）连接TDCL的E1端子。 （4）高度控制开关每向"HIGH"推动1次，则执行器应向"硬"进1步	

续表

检查内容	图示	步骤	记录
执行器电阻检查	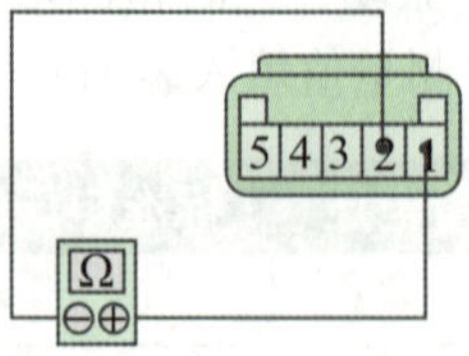	测量执行器各端子之间电阻，应符合以下标准。 注：标准值仅供参考，实际以测量车型为准 | 端子	电阻
---	---
1、2	14.7~15.7 Ω
1、3	14.7~15.7 Ω
1、4	14.7~15.7 Ω
1、5	14.7~15.7 Ω		
执行器运动检查	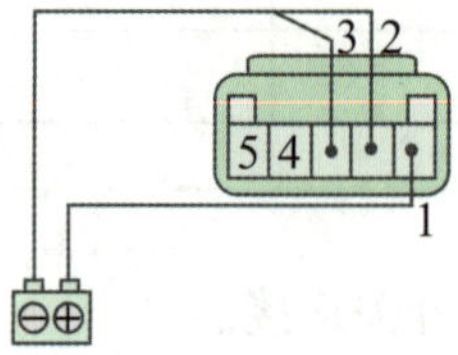	（1）用螺丝刀将执行器输出轴调至"软"位置。 （2）将蓄电池电压如下表施加到执行器各端子时，执行器运动应符合要求 | 蓄电池+	蓄电池−	位置
---	---	---
2和3	1	1→2
3和4	1	2→3
4和5	1	3→4
5和2	1	4→5
2和3	1	5→6
3和4	1	6→7
4和5	1	7→8
5和2	1	8→9		

5. 技能总结

> **思考与练习**

一、填空题

1. 电控悬架系统的功能有_____、_____、_____。
2. 加速度传感器常用的有_____和_____。
3. 悬架电控单元的 ECU 一般由_____、_____输出电路、电源电路等组成。
4. 汽车电控悬架系统的执行器有_____、_____、_____等。

二、判断题

1. 装有电控悬架系统汽车无论车辆负载多少，都可以使车辆保持水平。（   ）
2. 转向盘转角传感器用于检测转向盘的中央位置、转动方向、转向角度和转动速度。（   ）
3. 在车轮打滑时，能以转向角和汽车车速正确判断车身侧向力的大小。（   ）
4. 为了改变汽车侧倾刚度，可通过改变横向稳定杆的扭转刚度来实现。（   ）

三、选择题

1. 以下有关电控减振器说法正确的是（   ）。
   A. 量杆磨损会影响减振器的阻尼作用
   B. 减振器孔边淤积脏物会影响阻尼作用
   C. 执行电动机电流较正常值低时，会改变阻尼器的阻尼作用
   D. 以上都正确
2. 以下说法错误的是（   ）。
   A. 减振器的作用是减振或控制汽车的运动
   B. 减振器必须成对更换
   C. 常规减振器是速度传感的液压减振装置
   D. 减振器的运动速度越快其阻力越大
3. 当控制模块需要升高车身高度时，它发送命令给（   ）。
   A. 压缩机继电器　　　　　　　　B. 执行器
   C. 空气弹簧进气阀　　　　　　　D. 空气弹簧阀

四、问答题

1. 电控悬架系统有何作用？
2. 车身高度传感器的主要作用及工作原理是什么？
3. 在电控悬架系统中，车辆是如何控制倾斜的？

项目六

电控转向系统的检修

> **项目描述**
>
> 为了实现在各种行驶条件下转向盘上所需要的力达到最佳状态，在转向系统上采用了电控系统。电控式动力转向系统（简称 EPS 系统或电控转向系统）是根据汽车的运行状态控制动力转向辅助系统的工作。例如根据车辆行驶车速、转向盘转角、转向盘转动速度以及车轮侧滑量等因素，控制转向过程中辅助系统中油的流量从而来控制转向。
>
> 电控动力转向系统一般有 2 种类型，一种使用发动机动力的液压设备的类型，称为液压式电控动力转向（EPHS）系统；另一种使用电动机，通常称为电动式电控动力转向（EPS）系统。

任务一 液压式电控动力转向系统的检修

任务目标

完成本学习任务后，学生在基础知识和基本技能方面应达到以下要求。

知识目标

（1）掌握液压式电控动力转向系统的组成与工作原理。

（2）掌握液压式电控动力转向系统的故障诊断。

能力目标

（1）会对液压式电控动力转向系统进行路试检验。

（2）会检修液压式电控动力转向系统元件。

任务引入

传统式电梯转向系统液压泵由发动机带动，会消耗发动机功率并增大发动机油耗。而液压式电控动力转向系统，如大众Polo轿车装配的电控液压动力转向系统，就是在动力转向器控制阀旁加装电液转换器，它能在车速信号控制下，通过改变反馈压力的办法改变转向力。车速越高，转向力越大，反之，转向力减小。这不仅可以降低发动机油耗，提供行车经济性，还能改善行驶安全性。

相关知识

液压式电控动力转向系统又称连续型动力转向（PPS）系统，PPS是按照车速的变化由电控油压反力调整动力转向器，从而使汽车在各种行驶条件下转向盘上所需的转向操纵力达到最佳状态，所以，有时也把PPS系统称为反力式电控力转向系统。

一、液压式电控动力转向系统的组成

液压式电控动力转向系统的结构如图6-1所示，其主要由车速传感器、电控器ECU、电磁阀、分流阀、储油罐、转阀、动力缸等组成。

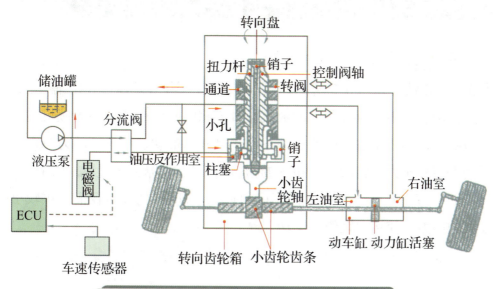

图6-1 液压式电控动力转向系统的结构

在 PPS 系统的齿轮箱中，除了旧式动力转向装置用控制加力的主控制阀之外，又增设了反力油压控制阀和油压反力室，结构如图 6-2 所示。经反力油压控制阀调整后的油压加到油压反力室内，扭杆与转向轴相连，当 PPS 根据油压反力的大小改变转向扭杆的扭曲量时，就可以控制转向时所要加的力。动力转向用的微机安装在电控器 ECU 内，微机根据车速传感器的信号控制电磁阀的输入电流。电磁阀设在反力控制阀上。

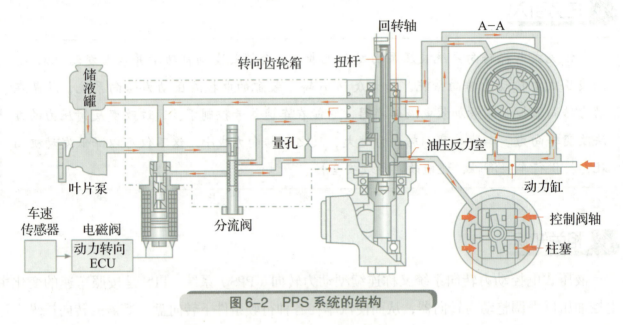

图 6-2 PPS 系统的结构

输入到电磁阀中的信号是通断的脉冲信号，改变导通（ON）时间所占的比例就可以控制电流值的大小。当车速升高时，受输出电流特性的限制，输入到电磁阀中的电流减小，电磁阀的开度也小，这样，根据车速的高低就可以调整油压反力，从而得到最佳的转向操纵力。

二、液压式电控动力转向系统的工作原理

1. 汽车静止或低速行驶时的转向

PPS 系统的工作情况如图 6-3 所示。汽车在低速范围内运行时，ECU 输出一个大的电流，使电磁阀的开度增加，由分流阀分出的液流流过电磁阀回到储油罐中的液流增加。因此，油压反力室压力减小，作用于柱塞的背压减小，于是柱塞推动控制阀杆的力减小。利用转向盘的转向力来增大扭杆扭力。转阀按照扭杆的扭转角作相对的旋转，使油泵油压作用于转向动力缸的右室，活塞向左方运动，从而增强了转向力，此时，驾驶员仅需提供较小的操纵力就可以产生较大的助力，使转向轻便、灵活。

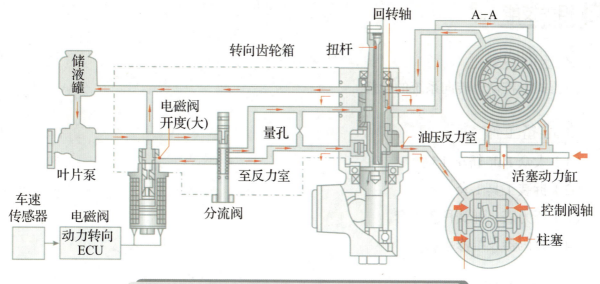

图 6-3　PPS 系统在静止或低速行驶时的转向作用

2. 汽车在中、高速行驶时的转向

汽车在中、高速行驶时，PPS 系统的工作情况如图 6-4 所示。汽车转向盘在中、高速直行微量转动时，控制阀杆根据扭杆的扭转角度而转动，转阀的开度减小，转阀里面的压力增加，流向电磁阀和油压反力室中的液流量增加。当车速增加时，ECU 输出电流减小，电磁阀开度减小，流入油压反力室中的液流量增加，反力增大，使得柱塞推动控制阀杆的力变大。液流环从量孔流进油压反力室中，这也增大了油压反力室中的液体压力，故转向盘的转动角度增加时，将要求一个更大的转向操纵力，从而获得了稳定且直接的手感。

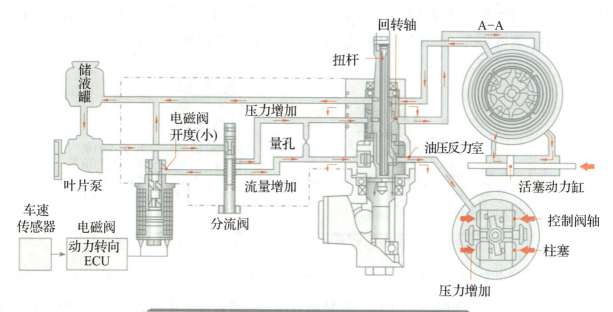

图 6-4　PPS 系统在中、高速行驶时的转向作用

相关技能

1. 实训内容

液压式电控动力转向系统的检修。

2. 准备工作

（1）大众 Polo 轿车 1 辆。

（2）拆装工具 1 套。

（3）压力表、弹簧秤各 1 套。

（4）解码器及维修手册。

3. 注意事项

（1）遵守操作规程，养成严谨科学的工作态度。

（2）严禁外接电压给元器件，以免损坏部件。

（3）规范操作，严格执行 5S 现场管理。

4. 操作步骤

以 Polo 轿车为例来讲解液压式电控动力转向系统的检修方法。

1）大众 Polo 轿车液压式电控动力转向系统的组成

大众 Polo 轿车液压式电控动力转向系统由转角传感器、控制单元（EPS ECU）、直流电动机、油泵（转子式）、控制阀（分配阀和扭力杆）、动力缸、齿轮和齿条等组成，如图 6-5 所示。其中直流电动机、油泵和储油罐被制成一体，称为电动油泵总成。

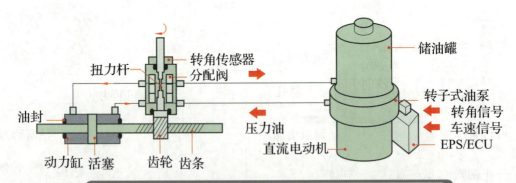

图 6-5 大众 Polo 轿车液压式电控动力转向系统的组成

EPS ECU 接收转角传感器的信号和车速传感器的信号，经过分析处理后输出不同的电流，通过直流电动机控制油泵的工作。在转向时油泵提供瞬时工作油压，不转向时油泵不工作，无动力消耗。EPS ECU 控制油泵的供油量脉谱图如图 6-6 所示，EPS ECU 的控制电路如图 6-7 所示。

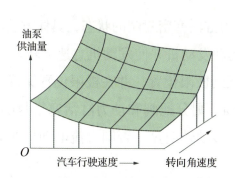

图 6-6 EPS ECU 控制油泵的供油量脉谱图

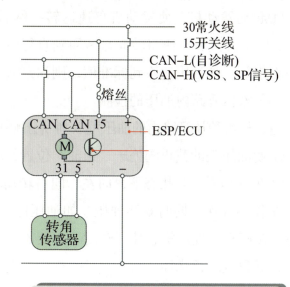

图 6-7 EPS ECU 的控制电路

转角传感器采用光电式转角传感器,如图 6-8 所示,其安装于转向盘的转轴上,用于向 EPS ECU 输送转向盘的转动角度和角速度信号。油泵为转子式油泵,如图 6-9 所示,其由直流电动机驱动,在泵壳上装有过载保护限压阀。控制阀为利用扭力杆及分配阀的变形和位移进行"反馈控制"并完成"渐进随动"的需求。

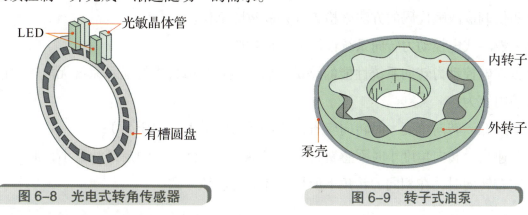

图 6-8 光电式转角传感器

图 6-9 转子式油泵

2）大众 Polo 轿车液压式电控动力转向系统的故障与检测

（1）常见故障。

大众 Polo 车液压式电控动力转向系统的常见故障为动力缸左右两端和分配阀上下两端油封漏油、分配阀密封圈漏油（内漏）、动力缸活塞密封圈漏油（内漏）、油泵失效和 EPS ECU 故障。若油封或密封圈漏油,应予以更换。

（2）油泵检测。

通过对油泵泵油压力的检测,可以判断油泵的好坏,具体方法如下。

①将专用油压表串接于油泵输出管口上,并使油压表的截止阀处于"通油"位置。

②排除液压管路中的空气。方法是：加足专用助力油,使发动机怠速运转,不断地全行程转动转向盘,直至储油罐助力油中无气泡或乳状物冒出。

③将专用油压表的截止阀转到"关断"位置,使无助力油输出,并使油温达到 80 ℃。

④起动发动机，使发动机怠速运转，然后转动转向盘，观察 10 s 内油压是否可以达到 6 MPa 以上，接着迅速将转向盘转回到直行位置或使发动机熄火，以防直流电动机和油泵因过载而损坏。如油压达不到标准值，则油泵或直流电动机失效。

（3）液压管路内油压的检测。

通过检测液压管路内的油压可以判断分配阀和动力缸活塞密封圈的状态，具体方法如下。

①使油压表的截止阀处于"通油"位置，然后起动发动机并使发动机怠速运转。

②在汽车不行驶状态下，向左、向右转动转向盘到极限位置，并在极限位置保持 2~3 s，连续重复 3~4 次，同时观察油压。如油压低于 6 MPa，则分配阀和动力缸活塞密封圈漏油。

注意：在停车、发动机怠速运转时，不要不断地来回转动转向盘，否则直流电动机的电流会增大，导致其绕组烧坏。

（4）转向盘操纵力的检测。

在发动机怠速运转条件下，用弹簧秤沿切线方向拉动转向盘，拉力（操纵力）应不大于 39 N。

（5）电控系统部件的检测。

电控系统部件，如 EPS ECU、直流电动机、转角传感器、相关传感器及线路故障，可用故障检测仪调取故障代码的方法来检查和判断故障部位。

（6）液压式电控动力转向系统性能的路试检验。

液压式电控动力转向系统性能的路试检验，应在故障检查灯显示系统无故障的情况下进行，检验内容为：

①车速低、转向角度大时转向应省力（油泵泵油量大，油压高）；

②车速高、转向角度小时手感费力，不发飘，安全性高（油泵泵油量小，油压低）；

③左右转向时，在相同的转角下所用的操纵力应该一致。

5. 技能总结

任务二　电动式电控动力转向系统的检修

任务目标

完成本学习任务后，学生在基础知识和基本技能方面应达到以下要求。

知识目标

（1）掌握电动式电控动力转向系统的组成与工作原理。

（2）掌握电动式电控动力转向系统的故障诊断。

能力目标

（1）会使用解码器对故障进行读取并排除。

（2）能够掌握电动式电控动力转向系统故障诊断方法。

任务引入

> 电动式电控动力转向（EPS）系统是利用直流电动机作为动力源，电控单元根据转向参数、车速等信号，控制电动机转矩的大小和方向。电动机的转矩由电磁离合器通过减速机构减速并增大转矩后，施加在汽车的转向机构上，使之得到一与工况相适应的转向作用力。通过电动式电控动力转向系统可以使驾驶员在汽车低速行驶时操纵转向轻便、灵活；而在中、高速行驶时又可以增加转向操纵力，使驾驶员的手感增强，从而获得良好的转向路感以及提高转向操纵的稳定性。

相关知识

电动式电控动力转向系统是直接依靠电动机提供辅助扭矩的电控动力转向系统，可使转向系统结构更为紧凑。

一、电动式电控动力转向系统的组成

电动式电控动力转向系统的基本组成如图6-10所示，其主要由车速传感器、转矩传感

器、转向角传感器、电控器、电动机、电磁离合器、减速机构等组成。该系统广泛应用于日产、三菱、铃木等汽车公司的许多车型。

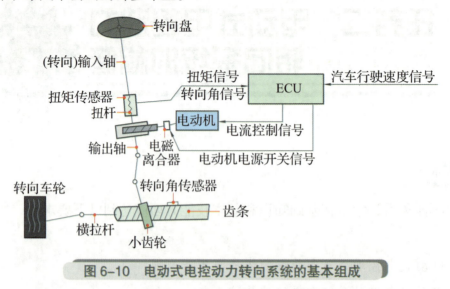

图6-10 电动式电控动力转向系统的基本组成

二、电动式电控动力转向系统的工作原理

1. 转向扭矩传感器

当驾驶员操纵转向盘时，转向扭矩传感器根据输入力的大小，产生相应的电压信号，由此电动式电控动力转向系统就可以检测出操纵力的大小，同时根据车速传感器产生的脉冲信号又可测出车速，再控制电动机的电流，形成适当的转向助力。

转向扭矩传感器具有检测转向盘的操纵方向和操纵力的功能。在任何情况下，利用电位表即可检测出该传感器的信号。转向扭矩传感器的结构及安装位置如图6-11所示。

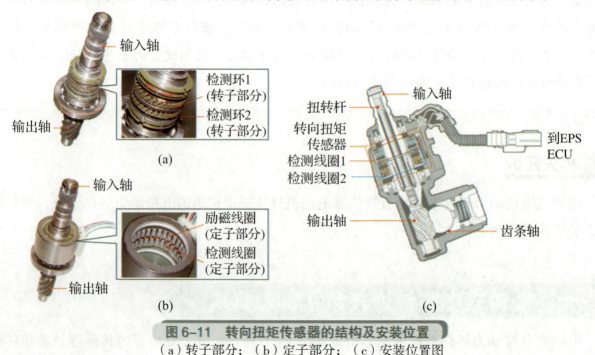

图6-11 转向扭矩传感器的结构及安装位置
（a）转子部分；（b）定子部分；（c）安装位置图

2. 电动机

电动式电控动力转向系统所用的电动机是将汽车用电动机加以改进而成。有的电动机转子外圆表面开有斜槽，有的则改变定子磁铁的中心处或端部的厚度。电动机工作有一定速度范围，若超出规定速度范围，则由离合器使电动机停转并消除电动机惯性的影响。同时，当转向系统发生故障时，离合器分离，此时恢复手动控制转向，保证汽车正常行驶。电动机的结构如图 6-12 所示。

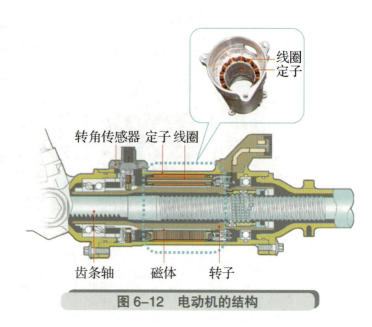

图 6-12　电动机的结构

3. 电磁离合器

电磁离合器的结构如图 6-13 所示，主要由电磁线圈、主动轮、从动轴、压板等组成。

工作时，电流通过滑环进入电磁线圈，主动轮便产生电磁吸力，带花键的压板就被吸引，并与主动轮压紧。于是电动机的输出转矩便经过输出轴→主动轮→压板→花键→从动轴传递给执行机构（蜗轮蜗杆减速机构）。

电磁离合器的主要功用是保证电动助力只有在预定的车速范围内起作用。当汽车行驶速度超过系统限定的最大值时，电磁离合器便切断电动机的电源，使电动机停转。离合器分离，不起传递转向助力的作用。另外，在不助力的情况下，离合器还能消除电动机的惯性对转向的影响；当该动力转向系统发生故障时，离合器还会自动分离，此时又恢复为手动控制转向。

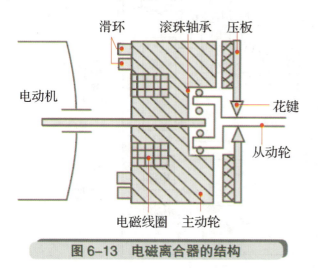

图 6-13　电磁离合器的结构

4. 减速机构

减速机构主要由蜗轮和蜗杆构成，如图 6-14 所示，蜗杆的动力来自电磁离合器和电动机，经蜗轮减速增扭后，传送给转向轴，然后再通过其他部件传送给转向轮，以实现转向助力。

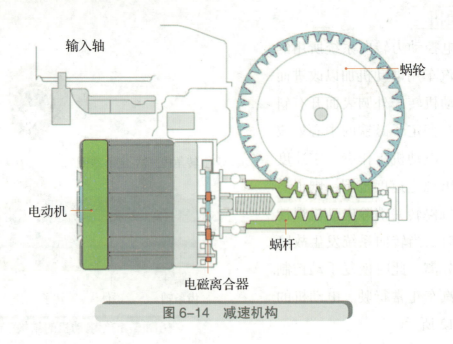

图 6-14 减速机构

5. 电控单元（ECU）

EPS 系统的 ECU 及其控制系统如图 6-15 所示。

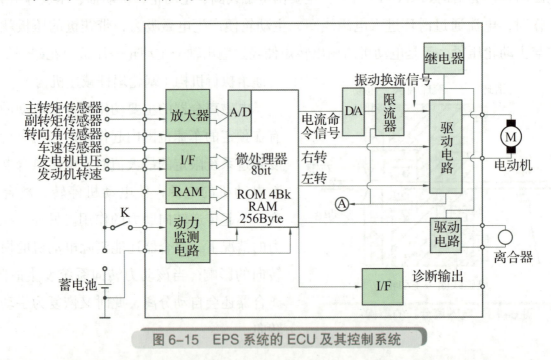

图 6-15 EPS 系统的 ECU 及其控制系统

工作时，转向转矩和转向角信号经过 A/D 转换器被输入到中央处理器（CPU），中央处理器根据这些信号和车速计算出最优化的助力转矩。ECU 把已计算出来的参数值作为电流命令值送到 D/A 转换器并转换为模拟量，再将其输入到电流控制电路；电流控制电路把来自微处理器的电流命令值同电动机电流的实际值进行比较，产生一个差值信号。该差值信号被送到驱动电路，该电路可驱动动力装置并向电动机提供控制电流。当转矩传感器和转向角传感器的信号经 A/D 转换器处理后，微处理器在其内存中寻找与该信号相匹配的电动机电流值，然后将此值输送给 D/A 转换器进行数字模拟转换，处理后的模拟信号再送给限流器，由限流器来决定电动机驱动电路电流值的大小。微处理器同时给电动机驱动电路输出另一个信号，以决定电动机的转动方向。

相关技能

1. 实训内容

电动式电控动力转向系统的检修。

2. 准备工作

（1）迈腾轿车 1 辆。

（2）拆装工具 1 套。

（3）解码器及维修手册。

3. 注意事项

（1）遵守操作规程，养成严谨科学的工作态度。

（2）严禁外接电压给元器件，以免损坏部件。

（3）规范操作，严格执行 5S 现场管理。

4. 操作步骤

以迈腾轿车为例来讲解电动式电控动力转向系统的检修方法。

1）故障现象

迈腾轿车在行驶过程中，电控助力转向盘灯红色报警，转向盘瞬间沉重，无法正常行驶。

2）故障诊断过程

（1）初步排除。

故障发生后，为应急恢复车辆，关闭点火开关，拆卸蓄电池负极柱，试验用断电的方式清除故障，重新装上蓄电池负极后故障依旧。正常车辆在拆装蓄电池线后，打开点火开关，电子助力转向盘灯应显示黄色，而该车拆装蓄电池线后显示为红色。

（2）运用解码器。

运用解码器，进入网关列表检测，如图 6-16 所示，从图可以看出，地址码 44 动力转向系统有故障。

（3）进入 44-02 地址码。

进入 44-02 地址码，检测故障码为：00569，含义：电流，动力转向马达超过上极限。如图 6-17 所示。

图6-16　进入网关列表检测

图6-17　读取故障码1

进入44-05故障清除功能，故障码可清除，转向盘红色报警灯亦可熄灭，但转向盘依然沉重。重新开关点火开关后红色报警灯重新点亮，查询故障码依然为：00569。

（4）进入44-08地址码，查看数据流。

进入44-08地址码，查看数据流。

①从数据流08-02中可以看出电源正常，如图6-18所示。

②从数据流08-03中看到控制单元中可以识别发动机运转状态，发动机转速正常，如图6-19所示。转向助力工作的前提是有正常的电源和发动机转速，通过上述数据说明前提条件正常。

图6-18　电源正常

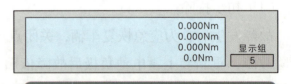

图6-19　发动机转速正常

③读取数据流08-04，如图6-20所示。

08-04数据一区显示数据含义：0—切断；1—初始化；2—通电；3—正常；4—断电；5—继续运行；6—错误。对于正常的动力转向系统而言，该数据应为3，即正常。

从08-04数据中可以看出，数据一区显示6属于故障状态。数据二区显示点火开关处于接通状态。

④读取数据流08-05，如图6-21所示。

对于工作正常的转向机而言，在打转向时08-05数据流应是不断变化的。一区：助力力矩理论值±5 N·m；二区：助力力矩理论值±5 N·m；三区：助力电动机输出力矩MAX=4.375 N·m；四区：扭力杆力矩MAX=11 N·m。而该车4个区均显示0.000 N·m，依此可以看出扭矩传感器G269没有扭矩输出。

⑤读取数据08-06，如图6-22所示。

正常工作的动力转向系统，二区显示为：接通。但该车二区显示：关闭，说明转向机根本不工作。

⑥读取数据 08-07，如图 6-23 所示。

图 6-22　读取数据流 08-06　　　　图 6-23　读取数据流 08-07

从数据可以分析出转向转角传感器 G85 是工作正常的，这说明该车故障原因与 G85 无关。

⑦读取数据流 08-125、08-126，显示各控制单元之间通信正常，如图 6-24、图 6-25 所示。

图 6-24　读取数据流 08-125　　　　图 6-25　读取数据流 08-126

根据以上数据综合分析，该车转向辅助控制单元 J500 没有控制转向机助力电动机工作。

（5）分析电路图。

进一步分析助力电动机没有工作的原因，对转向助力电路图进行分析并对线路进行检查，如图 6-26 所示。

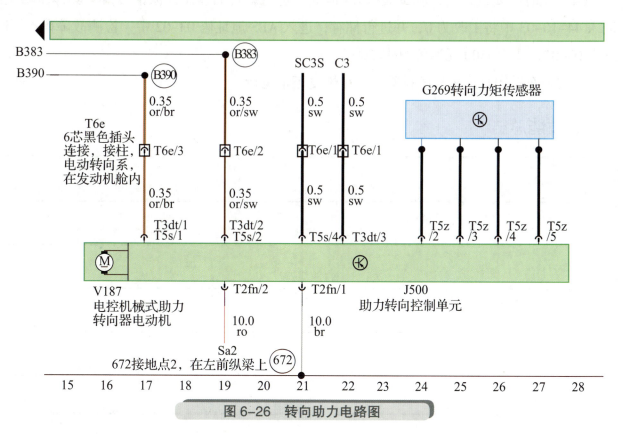

图 6-26　转向助力电路图

（6）排除故障。

综合判断转向辅助控制单元 J500 没有控制方向机助力电动机工作，由于 J500 与转向机机械装置为总成，所以更换转向机总成。

3）故障处理方法

(1) 更换转向机总成后，接通打开点火开关，转向盘红灯立刻变为黄灯。

将转向盘左右打到底，再回到中间位置，起步运行 20 m 后，ESP 灯和转向盘灯同时熄灭，检测 44-02 地址码中的故障码自动消除，转向盘动力转向恢复正常。

(2) 重新进入网关列表，如图 6-27 所示，03 ABS 控制单元中出现故障。其他各系统正常。

(3) 进入 03-02，如图 6-28 所示，读取故障码为：01309，含义：转向辅助控制单元 J500 无信号/通信。进入 03-05，该故障码无法清除。

图 6-27 进入网关列表　　　　图 6-28 读取故障码 2

(4) 此时需要进入转向辅助装置 44 地址码进行新转向盘总成激活设置。具体步骤是：进入 44-10-03 中将 1 改为 0，并进行储存；进入 ABS 地址码 03-02 中，检测故障码；再次进入 03-05，清除 J500 无通信的故障码。

至此该车转向盘沉重故障排除，该车恢复正常运行。

5. 技能总结

> **思考与练习**

一、填空题

1. 电控动力转向系统，根据动力源不同可分为_____和_____。
2. 液压式电控动力转向系统是在传统的液压动力转向系统的基础上增设了控制液体流量的_____、_____和_____。
3. 电动式电控动力转向系统需要控制电动机电流的方向和_____。
4. 电动式电控动力转向系统由_____、_____、_____控制元件组成。

二、判断题

1. 为了有更好的"路感"，要求在低速行驶时，应有较小的转向力；在高速时有较大的转向力。（   ）
2. 汽车直线行驶时，动力转向机构处于工作状态。（   ）
3. 电动式电控动力转向系统是一种直接依靠电动机提供辅助转矩的转向系统。（   ）
4. 电动式电控动力转向系统是利用直流电动机作为动力源，电控单元根据转向参数、车速等信号，控制电动机扭矩的大小和方向。（   ）

三、选择题

1. 液压式电控动力转向系统是将（   ）。
   A. 转向器、转向动力缸、转向控制阀三者分开布置。
   B. 转向动力缸和转向控制阀组合制成一整体。
   C. 转向器、转向动力缸、转向控制阀三者组合成一整体。
   D. 以上都不正确。
2. EPS系统的目的，甲称使车辆低速时转向更轻便，乙称使车辆高速时转向更轻便，则（   ）。
   A. 甲正确   B. 乙正确   C. 两人均正确   D. 两人均不正确

四、问答题

1. 液压式电控动力转向系统与电动式电控动力转向系统的区别是什么？
2. 电动式电控动力转向系统的工作原理是什么？

参考文献

[1] 李春明. 汽车底盘电控技术[M]. 北京：机械工业出版社，2009.

[2] 张蕾. 汽车底盘电控原理与检修[M]. 北京：机械工业出版社，2012.

[3] 郭炎伟. 汽车底盘电控系统检修[M]. 北京：北京理工大学出版社，2017.

[4] 祝政杰，高翠翠，王永浩. 汽车底盘电控系统检修[M]. 北京：北京理工大学出版社，2017.

[5] 曾文，刘伟. 汽车底盘电控系统检修一体化项目教程[M]. 上海：上海交通大学出版社，2015.

[6] 苏小举，张国宏，郭计生. 汽车底盘电控系统结构与检修[M]. 天津：天津科学技术出版社，2017.

[7] 李俊泓，李沁逸，黄春蓉. 汽车底盘电控系统检修[M]. 成都：西南交通大学出版社，2021.

[8] 杨智勇，李敬福. 汽车底盘电控系统检修[M]. 北京：人民邮电出版社，2019.

[9] 李立夫，韦世东，何声望. 汽车底盘电控系统检修[M]. 上海：上海交通大学出版社，2017.

[10] 郭海龙. 汽车底盘电控系统检修[M]. 广州：广东高等教育出版社，2017.